스포츠선수
어떻게
되었을까
?

꿈을 이룬 사람들의 생생한 직업 이야기 16편

스포츠선수 어떻게 되었을까?

1판 1쇄 찍음 2018년 01월 24일
1판 4쇄 펴냄 2022년 11월 08일

펴낸곳	㈜캠퍼스멘토
저자	지재우 · 이경민
책임 편집	이동준 · 북커북
진행 · 윤문	북커북
연구 · 기획	오승훈 · 이사라 · 박민아 · 국회진 · 김이삭 · 윤혜원 · ㈜모야컴퍼니
디자인	㈜엔투디
마케팅	윤영재 · 이동준 · 신숙진 · 김지수 · 김수아 · 김연정 · 박제형
교육운영	문태준 · 이동훈 · 박흥수 · 조용근 · 황예인
관리	김동욱 · 지재우 · 임철규 · 최영혜 · 이석기
발행인	안광배

주소	서울시 서초구 강남대로 557 (잠원동, 성한빌딩) 9층 (주)캠퍼스멘토
출판등록	제 2012-000207
구입문의	(02) 333-5966
팩스	(02) 3785-0901
홈페이지	http://www.campusmentor.org

ISBN 978-89-97826-21-6 (43690)

스포츠전문가들의
커리어패스를
통해 알아보는
리얼 직업
이야기

스포츠선수
어떻게

How to become Athletes?

되었을까?

CampusMentor
캠퍼스멘토

"
도움을 주신
스포츠전문가들을
소개합니다
"

골키퍼 코치
이운재

- 현) 수원 삼성 블루윙즈 골키퍼 코치
- 전) 수원 삼성 블루윙즈 골키퍼
- 전) 전남 드래곤즈 골키퍼
- 경희대학교 체육학 학사

2014 제17회 인천 아시안게임 축구 국가대표팀 코치 /
　　 U-23 청소년대표팀 골키퍼 코치
2013 U-22 청소년대표팀 골키퍼 코치
2010 제4회 동아시아축구선수권대회 국가대표 /
　　 제19회 남아프리카공화국 월드컵 국가대표
2007 AFC 아시안컵 국가대표
2006 제18회 독일 월드컵 국가대표
2004 AFC 아시안컵 국가대표
2003 제1회 동아시아축구선수권대회 국가대표
2002 제17회 한일 월드컵 국가대표 / 제14회 부산아시안게임 국가대표
2001 FIFA 컨페더레이션스컵 국가대표
1996 제26회 애틀랜타 올림픽 예선 대표
1999 코리아컵 국가대표
1994 제15회 미국 월드컵 국가대표
1993 유니버시아드 대표
1992 제25회 바르셀로나 올림픽 축구 국가대표

배구해설위원
이숙자

- 현) KBS N 스포츠 배구해설위원
- 전) GS칼텍스 서울 KIXX배구단 선수
- 전) 현대 그린폭스 여자배구단 선수
- 경기대학교 졸업

2012 제30회 런던 올림픽 여자 배구 국가대표
2011 그랑프리 세계여자배구대회 국가대표
2007 제14회 아시아여자배구선수권대회 국가대표
2007 프로배구 V리그 올스타

고등학교 체육교사
지성환

- 현) 양평 양동고등학교 체육교사
- 전) 필드하키 국가대표
- 전) 성남시청 실업팀 필드하키 선수
- 한국체육대학교 졸업

2004 제28회 아테네 올림픽 하키 국가대표
2002년 부산 아시안경기대회 금메달
2000 제27회 시드니 올림픽 하키 국가대표
1999 아시아컵 1위

야구선수(투수)
신재영

- 현) 넥센 히어로즈 투수
- 전) NC다이노스 투수
- 단국대학교 졸업

2010 제5회 세계대학야구선수권대회 국가대표
2009 제38회 야구월드컵 국가대표

스킬트레이너
안희욱

- 현) 스킬트레인 대표
- 전) 스포츠 미디어 회사 근무
- 전) 힙후퍼(hiphooper)
- 동아대학교 사회체육학 학사

Chapter 2

Chapter 3

예비 스포츠선수 아카데미

CHAPTER

|1|

스포츠선수,

어떻게
되었을까
?

스포츠전문가란?

스포츠전문가는

스포츠 산업 및 시장에서 스포츠 행정, 경기 및 구단 관련 일 등을 하는 전문가를 말한다. 스포츠 산업은 스포츠 활동에서 요구되는 용품과 장비, 스포츠 시설과 서비스, 스포츠 경기, 이벤트 스포츠 강습 등과 같은 유·무형의 재화나 서비스를 생산·유통해 부가가치를 창출하는 산업이다.

국민체육진흥법과 관련해서 스포츠 산업은 운동경기, 야외운동 등 신체활동을 통하여 건전한 신체와 정신을 기르고 여가를 선용하는 활동을 지원하는 제조업, 건설업, 관련 서비스업(시설업, 기타 운동 관련 서비스업)과 스포츠라는 재화를 수동적 여흥 거리로 제공하기 위해 재화와 서비스를 생산 및 유통하는 산업을 포괄한다.

해외 및 국내 스포츠 산업 현황

스포츠 관련 시장은 굉장히 넓고, 계속해서 성장하고 있다.
한국 그리고 더 넓은 세계의 스포츠 산업 현황을 알아보고,
스포츠전문가로서 나아갈 무대를 꿈꿔보자.

스포츠 산업의 분류

스포츠와 시장의 관계		
문화	본원시장	
	문화에서 파생	본원시장의 분류
스포츠 / 관람스포츠	관람스포츠 시장	프로스포츠 이벤트
		아마추어스포츠 이벤트
		국제스포츠 이벤트
참여스포츠	참여스포츠 시장	이벤트형 참여이벤트
		비 이벤트형 참여이벤트

주요 국가별 스포츠 산업 시장 규모 매출

(세계 2016년 기준)

세계 1조 3,000억 달러

한화 1,466조원

1 미국 4,961억 달러 /
한화 539조 원
(미국 2016년 기준)

2 유럽연합 1,739억 유로 /
한화 216조 원
(유럽연합 2005년 기준)

3 영국 350억 파운드 /
한화 50조 원
(영국 2015년 기준)

4 독일 774억 유로 /
한화 96조 원
(독일 2010년 기준)

5 프랑스 500억 유로 /
한화 64조 원
(프랑스 2016년 기준)

6 중국 32,678억 위안 /
한화 537조 원
(중국 2015년 기준)

7 일본 11조 4천억 엔 /
한화 537조 원
(일본 2012년 기준)

8 호주 270억 호주달러 /
한화 23억 원
(호주 2015년 기준)

9 한국 한화 44조 원
(한국 2016년 기준)

국내 스포츠 산업 규모 현황

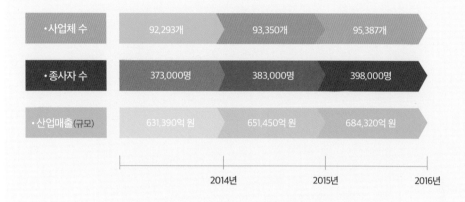

	2014년	2015년	2016년
•사업체 수	92,293개	93,350개	95,387개
•종사자 수	373,000명	383,000명	398,000명
•산업매출 (규모)	631,390억 원	651,450억 원	684,320억 원

- 직접 관람객수 (2016년 기준)

■ 평균 관중 (단위 : 명)

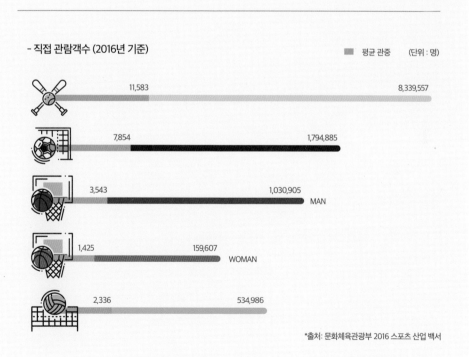

	평균 관중	관람객수	
⚾	11,583	8,339,557	
⚽	7,854	1,794,885	
🏀	3,543	1,030,905	MAN
🏀	1,425	159,607	WOMAN
🏐	2,336	534,986	

*출처: 문화체육관광부 2016 스포츠 산업 백서

스포츠전문가가 하는 일

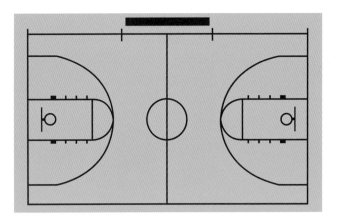

- '운동해서 뭘 하냐고?'

스포츠 관련 직업은 '운동선수' 말고도 무척이나 많다. 우리가 스포츠를 즐길 수 있도록 행정적으로 돕는 사람들, 경기장 안과 밖에서 여러 모습으로 뛰는 사람들 모두가 스포츠전문가다. 그중에서도 크게 세 가지 분류로 나누어 소개하고자 한다.

스포츠 행정가

• 국제연맹위원 - 국제올림픽위원회(IOC)를 비롯해 다양한 국제스포츠협회에서 세계 스포츠발전을 위한 일을 한다. 스포츠마케팅부터 이벤트 관리, 국제 스포츠 협력 등 경기장 밖에서 이루어지는 모든 일을 하며 각 나라 간 원활한 커뮤니케이션과 소통을 위해 노력한다.

• 국내연맹 및 체육 관련 기관 행정가 - 국내 스포츠리그의 살림을 도맡으며 국가대표, 프로리그, 아마추어 리그에 등록된 선수들과 지도자들이 운동에만 전념할 수 있도록 업무를 맡는다. 현재 안정적이고 체계적인 협회 시스템 구축과 프로리그 운영 및 마케팅 등에 많은 관심을 쏟고 있다. 대부분 선수 출신 행정가가 많으며 과거 선수 경험을 바탕으로 국내 스포츠 발전을 위해 힘쓰고 있다.

경기장 안의 해결사

- 직업운동선수 – 운동선수는 다양한 운동 종목에 선수로 등록되어 경기에 참여하며, 좋은 성적을 거두기 위해 기술을 습득하고 전문적인 훈련을 한다. 운동선수는 대한체육회에 가맹된 법인이나 경기단체 선수로 등록되어 활동하는 직업운동선수로 한정할 수 있다. 이들은 크게 프로팀에 소속되어 있는 선수와 실업팀에 소속되어 있는 선수로 구분된다. 한편, 세계적인 경기에 출전하기 위해서는 국가대표로 선발되어야 하는데, 각종 대회에서 우수한 성적을 거두어 실력을 인정받아 선발전을 통과해야 한다.

- 심판 – 경기가 공정하게 진행되도록 엄격하고 정확한 판정을 원칙으로 한다. 국내 리그 심판으로 시작해 경험을 쌓은 뒤 국제 심판으로 활동하기도 한다. 축구나 농구처럼 심판도 함께 뛰는 종목이거나, 야구처럼 시간 제약이 없는 종목의 경우 선수 못지않게 철저한 체력 관리가 요구된다.

- 경기기록원 – 경기에서 양 팀 선수들의 득점, 아웃, 파울 등 세부사항을 기록하는 일을 담당한다. 정신없이 빠르게 펼쳐지는 경기 상황을 정확하고 빠짐없이 기록해야 하므로 상당한 전문성이 필요한 직업이다. 경기 내용과 관련된 기록을 제공하여 관중이나 시청자가 경기의 흐름을 잘 이해하고 예측하면서 경기를 좀 더 재미있게 즐길 수 있도록 돕는다. 또한, 기록원들이 작성한 기록지는 경기 종료 뒤 각 팀에 전달되어 경기 분석자료로 쓰인다.

- 프로구단 실무자 – 선수단이 경기에만 집중할 수 있도록 지원해주는 역할을 한다. 팀과 상대 팀의 전력을 분석하는 분석 담당, 경기와 연습에 사용하는 장비를 관리하는 장비 담당, 외국인 선수와 코칭스태프 간 원활한 의사소통을 돕는 통역 담당 등이 활동하고 있다.

경기장 밖의 조력자

- 스카우트 – 주로 프로구단에 소속되어 선수 발굴 및 영입을 위해 일한다. 고등학교 및 대학교의 아마추어 선수들이 참가하는 대회를 빠짐없이 관전하며, 실력이 뛰어나거나 성장 잠재력이 높은 선수를 발굴하고 소속팀으로 영입하는 일을 맡는다. 국내 선수 영입, 관리뿐만 아니라 해외 용병선수 영입, 이적에도 관여한다. 스포츠에 대한 해박한 지식과 실전 경험을 갖춘 운동선수 출신의 스카우트가 유리하다.

- 에이전트 – 선수들의 대리인으로 운동선수가 운동에만 전념할 수 있도록 연봉, 협상, 팀 이적, 광고 출연 등 각종 계약에 관한 업무를 처리한다. 책임지고 있는 선수에 대한 애정과 스포츠에 대한 열정은 물론, 해당 종목에 대한 지식, 법, 경영, 마케팅 관련 지식도 필요하다. 국내 선수들의 해외 진출이 활발해짐에 따라 외국어 능력도 요구되고 있다.

- 재활 트레이너 – 다친 선수들의 빠른 회복과 복귀를 돕는다. 짧게는 일주일에서 길게는 몇 달씩 진행되는 재활훈련을 체계적으로 진행하며 선수들의 몸을 관리한다. 또한, 선수들이 역량을 마음껏 발휘하고 부상 위험을 줄일 수 있도록 하는 다양한 트레이닝을 개발한다.

• 스포츠 심리 상담사 - 최근 주목받고 있는 스포츠 관련 직업 중 하나이다. 박태환, 손연재, 양학선 등 대부분의 스타 선수들은 심리상담을 받고 있다. 선수들이 경기에서 기량을 최대한 발휘할 수 있도록 안정된 심리 상태를 만들어 주는 역할을 한다. 운동과 스포츠 수행능력 향상을 위한 교육과 상담을 하고, 심리기술 훈련(PST)의 설계와 실천을 돕는다. 약물복용, 식이장애, 자신감 상실, 중도 포기 등의 위기 상황에 대해 중재한다. 팀 의사소통 등 팀 조직 관리에 대해 컨설팅한다. 훈련 및 경기 분석을 통해 훈련 효과를 높이는 방안을 조언하며, 운동선수의 부모 및 지도자를 대상으로 교육한다.

*출처: 워크넷

- 앞에 소개한 세 분야 외에도 스포츠 산업과 관련된 다양한 직업이 있다.

| | 분야 | | | | | |
	교육	트레이닝	경기/선수 관련	레저	산업전문직	방송 및 콘텐츠
직업	각 종목별 생활체육지도사	비만관리사 (체형관리사)	감독	골프 진행도우미	머천다이저	스포츠기자
	교육연구조교	스포츠마사지사	경기분석관	낚시안내원	사회 조사 분석가	스포츠리포터
	노인스포츠 지도사	스포츠센터 운영관리자	레이싱모델	등산안내원	스포츠단체 사무원	스포츠 사진기자
	놀이치료사	운동상해관리사	스포츠기록관	레저잠수사	스포츠마케터	스포츠아나운서
	대학 교수	퍼스널 트레이너	스포츠매니저	레크레이션 지도사	스포츠마케팅 전문가	스포츠 전문카메라맨
	스포츠분야 전문연구원	운동치료사	스포츠매니저	레포츠시설 안내원	스포츠시설 개발자	스포츠 칼럼니스트
	스포츠 심리상담사		스포츠에이전트	스포츠게임 소프트웨어 개발자	스포츠시설 건축기사	스포츠프로그램 PD
	유소년 스포츠지도사		종목별 경기지도사	스포츠게임 하드웨어개발자	스포츠시설 관리자	
	유아체육강사 및 초중고 스포츠 강사		종목별 심판	스포츠 관광가이드	스포츠시설 설계사	
	임상운동사		직업운동선수	요트 항해가이드	스포츠용품 디자이너	
	장애인 스포츠지도사		치어리더 (응원단원)	익스트림 스포츠전문가	스포츠용품 의류대리점	
	재활운동사		코치	체육공원관리원	스포츠용품 전문 연구 개발자	
	전문 무용강사			투어컨덕터	스포츠용품 의류판매원	
	초중고등학교 교사			헤양스포츠 가이드	스포츠이벤트 전문기획자	
	청소년 지도사				스포츠전문 변호사	
	특수체육 교사				스포츠 행정가	
	학교 운동부 감독				스포츠 행정가관장	
	학교 운동부 코치				스포츠 홍보전문가	

스포츠전문가의 자격 요건

- 스포츠전문가는 어떤 특성을 가진 사람들에게 적합할까?

• 운동선수의 경우 힘든 연습과 훈련과정을 견딜 수 있는 강한 체력과 끈기, 인내심을 갖추어야 한다. 일부 종목의 경우 대회에 앞서 몸무게를 관리해야 하며, 시합을 통해 즉각 평가되므로 끊임없는 자기관리가 필요하다.

• 감독이나 코치의 경우 선수들을 이끌 수 있는 지도력과 통솔력, 리더십, 의사소통 능력이 요구된다.

• 재활트레이너의 경우 신체적·정신적 장애가 있는 환자에 대한 치료 업무로 환자에 대한 이해와 소통 능력이 필요하다. 환자에게 직접적인 물리력을 행사하여 치료를 하는 경우가 많기 때문에 사회성이 있어야 하며, 자기통제능력, 배려심, 봉사정신을 가진 사람들에게 적합하다.

다양한 스포츠 분야 전문 직업에 따라 세세한 적성은 다를 수 있지만, 기본적으로 모두 해당 종목에 대한 높은 이해도와 지식이 필요하며, 긍정적이고 적극적인 성격의 소유자, 리더십을 갖춘 자에게 적합하다.

*출처: 한국직업능력개발원 커리어넷 직업정보

스포츠전문가와 관련된 특성

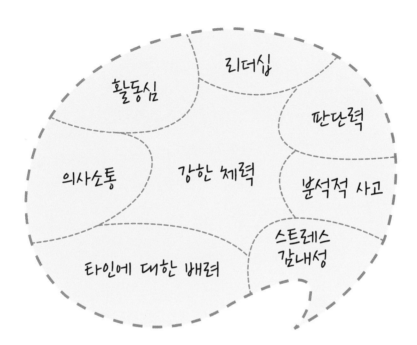

리더십
활동심
판단력
의사소통
강한 체력
분석적 사고
타인에 대한 배려
스트레스 감내성

배려와 존중을 기반으로 대화해야 합니다.

'지시' 하기보다는 '제시'해야 합니다. 자존심을 상하게 하는 지도법보다, 방향을 제시해주고 '너의 생각은 어때?'라고 질문함으로써 스스로 생각을 하게 합니다. 상대방에게 어떻게 판단할 것인지에 대한 것을 주는 거죠. 상대가 받아들이기 어려워하는 경우는 지도자 스스로 어떤 준비가 부족했는지 돌아볼 수 있어야 하고요.

능력과 인성을 겸비해야 합니다.

방송사 관계자께서 '해설위원은 운동선수 시절 잘 했다고 해서 제안하진 않는다'고 하셨어요. 말도 요목조목 잘해야 하지만 특히 능력과 인성을 겸비한 사람에게 기회를 준다고 하시더라고요. 저는 선수 시절에 청소년 국가대표로 최고의 자리까지도 가보고, 프로팀에 와서 6년 동안 후보로 지내기도 한 흥망성쇠 과정을 다 겪었다는 점을 방송사 관계자분들이 눈여겨보신 것 같아요. 제 자리에서 꾸준히 열심히 하다 보니 결국 이런 좋은 기회가 오게 된 것 같습니다.

톡(Talk)! 지성환

자신만의 목표가 없다면 힘들 것 같아요.

　어떤 종목의 운동선수라도 그만두고 싶은 순간이 많을 거예요. 체력 훈련을 할 땐 극한에 다다르기도 하고, 단체 종목의 경우는 위계질서 때문에 힘들어할 수도 있어요. 저도 학창시절에 포기하고 싶은 순간이 많았고, 실제로 10명 중에 4명이 그만두기도 했죠. 자신만의 목표가 분명히 있어야 끝까지 최선을 다하며 나아갈 수 있습니다. 성실함과 긍정적인 마음 역시 중요하죠.

톡(Talk)! 신재영

팬들의 관심에 감사하며 예의를 잊지 말아야 해요.

　가장 중요한 자질 중 하나가 '예의'입니다. 야구는 대중들 앞에서 팬들의 관심 속에 성장하고 있다고 생각해요. 아무리 운동을 잘 하더라도 예의가 없는 선수들은 당연히 팬에게 질타를 받거나 외면당하고, 그러면 선수로서 생명이 길지 않겠죠.

톡(Talk)! 안희욱

먼저 관심 종목에 미쳐야 합니다.

아직도 일하는 것이 즐겁고, 드리블만큼은 선수들에게 지고 싶지 않아요. 농구에 미쳐있기 때문이죠. 그럼 본인의 길을 찾을 수 있다고 생각합니다. 저는 취업을 한 번도 생각해본 적이 없어요. 선수로 스카우트 제의를 받기도 했는데 농구선수가 되기보다는 제가 생각하는 직업을 만들고 싶었죠. 지금도 선수들은 저를 부럽다고 합니다. 초등학교부터 대학교까지 항상 같은 사람들과 농구 훈련과 경기를 하는 선수들과는 달리 저는 매일 다양한 사람들과 농구를 하니까요.

스포츠전문가와 관련된 특성

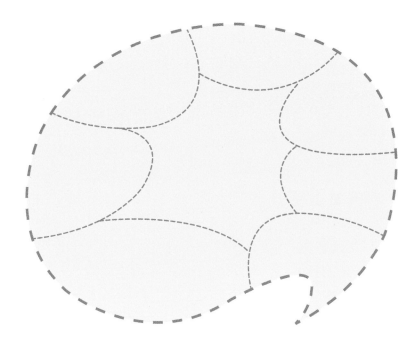

스포츠선수가 되는 과정

스포츠전문가가 되는 과정은 각 직업군에 따라 천차만별이다. 여기서는 선수 생활 이후 커리어 패스를 모색하는 경우를 간략히 소개한다. 앞의 '스포츠 전문가가 하는 일'에서 소개한 직업과 과정에 대해 알아보고자 할 경우, 고용노동부 고용정보시스템 워크넷(http://www.work.go.kr/)에서 '직업정보검색'을 통해 필요 자격과 과정 등을 검색하거나 해당 기업 등의 채용 정보를 참고할 것을 권한다.

관련 학과 졸업

■ 전문대학이나 대학교에서 해당 종목의 관련 학과나 사회체육학과, 생활체육학과 등 체육 관련 학과를 졸업한다. 스포츠마케터 등 사무직의 경우 경영이나 마케팅 관련학과, 스포츠경영 등 직무와 관련한 학과를 전공·복수전공하여 진출하기도 한다.

직업운동선수 활동

■ 국가대표팀, 실업팀, 프로팀, 학교 운동부 등에서 선수로 활동한다. 선수로 활동한 경력이 있고 선수나 지도자로서 좋은 성적을 거둔 전력이 있으면 스포츠 전문가로서 취업하는 데 매우 유리하다.

내게 맞는 커리어 찾기

■ 특별한 승진 체계가 있는 것은 아니지만, 대개 운동선수로 일정 경력을 쌓은 후 코치나 감독으로 진출하는 경우가 많다. 코치로 활동하면서 지도자로서의 경력을 쌓은 다음 수석코치를 거쳐 그 능력을 인정받으면 감독으로 승진하기도 한다. 초·중·고등학교에서 경험을 쌓는 동안 경기 성적이나 지도력이 우수하다고 평가받으면 대학팀이나 실업팀, 국가대표팀 감독 및 코치 등으로 진출한다. 그 밖에도 체육관을 직접 운영하

거나 스포츠해설가, 스포츠센터의 강사, 스포츠에이전트, 전문 스카우트 등 다양한 분야로 진출할 수 있으며, 본인의 체육시설을 경영하기도 한다.

자격 취득

■ 스포츠전문가 각 영역에 따라 자격 취득이 필요한 경우가 있다. 국민체육진흥공단에서 시행하는 국가자격인 생활스포츠지도사, 유소년스포츠지도사, 노인스포츠지도사, 장애인스포츠지도사 등 다양한 자격증이 있다.

잠깐!) 감독 및 코치의 경우 어떤 자격이 필요한가요?

2015년 1월1일부터 개정된 '국민체육진흥법'이 시행되면서 체육지도자 자격제도가 개편됐다. 기존의 '경기지도자', '생활지도자' 자격증의 명칭은 '스포츠지도사'로 통합됐으며 기존의 경기지도자는 '전문스포츠지도사'로, 생활체육지도사는 '생활스포츠지도사'로 각각 명칭이 변경됐다.

감독 및 코치로 일하려면 국민체육진흥공단의 지도자연수과정을 이수하고 전문스포츠지도사 1, 2급을 취득하는 것이 유리한데, 특히 국가대표팀 감독이나 코치가 되기 위해서는 이 자격이 필수적으로 요구된다. 학교 운동부의 순회코치도 해당 종목의 선수로 활동했거나 해당 종목의 전문스포츠지도사 자격증 취득자로 자격을 제한하고 있다. 초·중·고등학교의 운동부지도자 역시 전문스포츠지도사 또는 체육2급 정교사 자격 소지자로 자격을 제한하는 경우가 많다.

경기 지도자(감독 및 코치)가 되려면 필기시업 → 실기 및 구술시험 → 연수(실무)의 과정을 거쳐야 한다. 1급 전문스포츠 지도사의 자격 요건은 해당 종목 2급 전문지도자 자격 취득후 해당 종목 경기 지도경력 3년 이상이어야 한다. 2급 전문스포츠지도사 자격 요건은 해당 종목 경기경력 4년 이상이며, 학교에서 체육 분야에 관한 학문을 전공하고 졸업한 사람 또는 정부가 인정한 외국 학교에서 체육 분야에 관한 학문을 전공하고 졸업한 사람이다.

*출처: 워크넷 직업정보 시스템

스포츠선수의 좋은 점·힘든 점

| 좋은 점 |
제게 가장 좋은 음식은 팬들의 사랑이에요.

매일매일, 평생 먹어도 배가 터지지 않는 음식이 있어요. 먹어도 먹어도 계속 먹을 수 있죠. 바로 팬들의 '사랑'이에요. 사랑은 탈이 나지 않습니다. 선수들이 더 열심히 노력해서 운동장에 섰을 때, 팬들에게 받을 수 있는 사랑을 먹었으면 좋겠어요. 그리고 이 사랑은 선수들이 만든 것이고, 선수들이 어떻게 하느냐에 따라서 달라질 수 있죠. 이보다 좋은 보약이 어디 있겠어요.

| 좋은 점 |
프리랜서 해설자라면 가족과 더 많은 시간을 보낼 수 있어요.

스포츠 게임 해설자로 일하면서, 가족과 함께 충분한 시간을 가지며 자녀교육도 할 수 있는 여건이 되어 좋아요. 연봉으로 계약하는 스포츠 해설위원들도 있지만 저는 경기당 페이를 받고 있습니다. 보수가 해설하는 경기 수에 따라 달라지는 것과 선수 시절 연봉보다 좀 더 적은 것이 단점이라고 볼 수도 있지만 지금은 가족 관계, 그리고 '엄마'의 역할을 중요하게 여기고 있어서 프리랜서 개념의 활동은 오히려 장점이 더 많은 것 같아요.

톡(Talk)!
지성환

| 좋은 점 |

단체 운동으로 길러진 인성과 사회성은
추후 직업 선택에도 도움이 됩니다.

필드하키는 전신운동 스포츠로 기초체력뿐만 아니라 여러 가지 운동 기능을 향상할 수 있는 구기 종목입니다. 또한, 규칙 준수가 중요한 단체 운동이기 때문에 인성과 마음가짐이 중요해요. 덕분에 선수 은퇴 후 다른 체육 계열 직업을 선택할 때 필드하키 선수들은 사회성이 남다르게 돋보이지요. 올림픽 국가대표 선수라는 목표가 끝이 아니라 나중에 실업팀이나 지도자로 갈 수 있는 길도 여러 갈래가 있습니다.

톡(Talk)!
신재영

| 좋은 점 |

좋아하는 일을 직업으로 삼으니 최고 아닐까요?

어렸을 때부터 뛰는 걸 무척이나 좋아해 운동선수라는 직업이 제게 잘 맞아요. 특히나 가장 좋아하는 야구 종목을 할 수 있어 기쁩니다. 경쟁하기 위해서는 무엇이든 즐거움이 선행되어야 해요. 즐거워하는 일이 아니라면 남들이 하나 할 때 둘, 셋을 하기가 불가능하겠죠. 즐겁게 운동해야 감독님, 코치님에게도 그 모습이 전달되고, 저 자신도 성장하고 있다고 느끼니까요. 그런 점에서 제게는 야구선수가 최고의 직업이죠.

톡(Talk)! 안희욱

| 좋은 점 |

제자들이 성장하는 모습에 보람을 느낍니다.

스킬트레이닝을 받으러 오는 아이들은 학교에서 훈련을 이미 마치고 또 훈련하려는 것이기 때문에 마음가짐이 다릅니다. 저는 항상 아이들 자신이 지금 무엇을 하고 있는지 깨달을 수 있도록 도와줘요. 한 사람 한 사람에게 맞춘 1:1 시스템을 통해 제자들이 성장하고, 훌륭한 팀에 들어갈 때 보람과 의미를 느끼죠.

톡(Talk)! 이운재

| 힘든 점 |

늘 나보다는 전체를 생각하고 결정해야 합니다.

선수는 '내가 직접 경기를 하는 사람'이지만 지도자는 '선수들이 잘할 수 있도록 서포트 해주는 사람'이라는 큰 차이가 있죠. 팀을 이끄는 리더의 짐을 져 보지 않은 사람들은, 리더가 그저 개인적인 견해와 사리사욕으로 결정을 내린다고 쉽게 생각하는 경우가 많습니다. 하지만 리더는 내가 아닌 그룹을 위해서 선택하는 거예요. 늘 전체를 바라보며 팀을 위한 고민과 결단을 해야 하는 것이 쉽지만은 않죠.

| 힘든 점 |
선수, 감독과 개인적인 관계 때문에 실수를 얘기하기 어렵기도 해요.

현역 선수들과도 친하고, 제가 선수 시절에 지도해주신 분들이 현재 감독님으로 계셔서 경기 해설 중 선수의 실수나 감독의 작전에 관해 이야기하고 지적하기가 어려워요. 싫은 소리를 잘 못 하는 성격이다 보니 선수의 실수에 관해 이야기 해야 할 때 '이 선수의 생각은 이랬을 거예요'라고 부연설명을 합니다. 이렇게 둘러 말하다 보면 말이 꼬여서 끝맺음을 못 하는 경우가 많았어요. 그 부분을 조심하고 있습니다.

| 힘든 점 |
비인기 종목 선수에게 가장 무서운 것은 무관심이죠.

필드하키는 유럽이나 호주, 동남아시아 등에서 굉장히 인기가 많은 스포츠예요. 우리나라에서는 핸드볼만큼이나 성적을 많이 내는 종목임에도 불구하고 올림픽 시즌에만 반짝 주목받는 씁쓸한 종목이기도 합니다. 그래서 국내 훈련을 할 때는 훈련 조건도 굉장히 열악했어요. 땀 흘려가며 갈고닦은 실력을 발휘하는 경기장에 관중이 가족밖에 없을 때는 힘이 쭉 빠지곤 합니다. 이런 경기가 끝나고 다시 힘든 훈련을 하는 게 가장 어려웠죠.

| 힘든 점 |

똑같은 일상을 한 시즌 동안 반복해야 하니 힘들어요.

야구를 처음 시작할 때부터 체력 훈련이 힘든 것은 맞습니다. 하지만 가장 힘들었던 것은 프로야구 선수로서 스스로 규칙적인 루틴을 만드는 것이었어요. 런닝, 웨이트 등으로 짜인 훈련 스케줄 표가 나오면 그대로 소화하기만 하면 되는데, 자신을 통제하면서 한 시즌 동안 똑같은 일상을 반복하니 매우 힘들었습니다.

| 힘든 점 |

선수와 헤어질 때 마음이 아픕니다.

스킬트레이닝을 함께 하는 선수들과 더는 함께하지 못하는 경우가 되었을 때 슬픕니다. 아쉽지만 진학 등의 이유로 선수를 보내줘야 하는 일이 있었는데 참 마음이 아팠어요. 내 선수를 지키지 못하는 상황에서 더 힘을 키워야겠다고 생각했죠.

스포츠선수 종사 현황

스포츠 산업 노동시장의 트렌드 및 이슈

고학력

4년제 대졸 이상 스포츠 산업 종사자 25%

(전체 시장 4년제 대졸 이상 종사자 비율 22%)

저임금

스포츠 산업 종사자 평균 임금 190만 원 (전체 산업 평균 임금 216만 원)

낮은 직업 안정성

스포츠 산업 종사자 중 임시, 일용직 비율 30% (전체산업 임시, 일용직 비율 16%)

근속연수 평균 5년 (전체 산업 근속연수 평균 6.3년)

스포츠 산업 사업체 규모가 10인 미만인 기업이 전체의 96%

(사업체 규모가 작고 영세함)

새로운 기회

4차 산업혁명, 미래기술과 융합하여
새로운 스포츠 산업의 기회를 얻을 수 있음

*출처 : 2015년 기준 스포츠 산업 백서

CHAPTER
| 2 |

스포츠선수의
생생
경험담

미리 보는 스포츠선수들의 커리어패스

 **이운재**　경희대학교
체육학 학사　　수원 삼성 블루윙즈
골키퍼

 이숙자　경기대학교
졸업　　현대 그린폭스
여자배구단 선수

 지성환　한국체육대학교
졸업　　성남시청
실업팀 필드하키 선수

 신재영　단국대학교
졸업　　NC 다이노스 투수

 안희욱　동아대학교
사회체육학 학사　　힙후퍼(hiphooper)

전남 드래곤즈 골키퍼 현) 수원 삼성 블루윙즈 골키퍼 코치

GS칼텍스
서울 KIXX배구단 선수 현) KBS N 스포츠 배구해설위원

필드하키 국가 대표 현) 양평 양동고등학교 체육교사

현) 넥센 히어로즈 투수

스포츠 미디어 회사 근무 현) 스킬트레인 대표

축구가 아니면 0점 인생을 살 수밖에 없겠다는 생각에 모든 인생을 축구에 걸었다. 고등학교 진학 후, 축구의 기본인 달리기에서 다른 선수들에게 뒤처졌지만 포기하지 않았다. 골키퍼로 전향해 장점을 살렸고, 마침내 국가대표 주장으로 세계 무대에 서게 됐다. 은퇴 후 진로에 대한 여러 갈림길을 앞에 두고, 아직 내가 필요한 곳은 땀이 묻은 운동장이라는 생각에 코치의 길을 걷게 됐다. 지시보다는 제시하는 지도자로서 선수가 스스로 변화할 수 있도록 도우며, 앞으로 다가올 기회를 위해 여전히 준비하는 삶을 살고 있다. 그에게 성공은 이미 이룬 것이 아닌, 현재진행형이다.

골키퍼 코치
이운재

현) 수원 삼성 블루윙즈 골키퍼 코치
전) 전남 드래곤즈 골키퍼
전) 수원 삼성 블루윙즈 골키퍼
경희대학교 체육학 학사

- 2014 제17회 인천 아시안게임 축구 국가대표팀 코치
- U-23 청소년대표팀 골키퍼 코치
- 2013 U-22 청소년대표팀 골키퍼 코치
- 1992~2007 AFC 아시안컵, 월드컵, 올림픽 등 국제 스포츠 대회 국가대표

스포츠전문가의 스케줄

이운재
골키퍼 코치의
하루

21:00~23:00
▶ 귀가 후 가족과의 시간
23:00
▶ 취침

07:00
▶ 기상
07:00~09:00
▶ 아침 식사 및 출근 준비

18:00~19:00
▶ 저녁 식사
19:00~21:00
▶ 상대팀 전략분석 및 회의

09:00~11:00
▶ 오전 훈련
11:00~12:00
▶ 선수단 미팅

14:00~18:00
▶ 오후 훈련 및 경기 일정에
　맞춰 전략훈련

12:00~14:00
▶ 점심 식사

골키퍼는
기다림의
미학

▶ 1994년 미국 월드컵에서

▶ '거미손' 별명을 얻은 2002년 한일 월드컵

▶ 골키퍼는 기다림의 미학

어린 시절 어떻게 축구선수를 꿈꾸게 되었나요?

초등학교 때 그저 축구가 좋아서 운동을 시작했어요. 운동을 시작하고 여러 가지 종목을 경험하게 됐습니다. 초등학생 땐 충북 대표로 공 던지기 대회에 나가기도 하고, 중학교 때는 배구 선수 스카우트 제안이 들어오기도 했죠. 하지만 적성에 맞지 않았어요. '내게 맞는 건 축구구나'라는 생각이 들어 그때부터 축구의 길로 들어서게 됐습니다. 근데 막상 운동을 하다 보니 죽어도 못하겠단 생각이 들 만큼 너무 힘들더라고요. 몇 개월 동안 도망 다니기도 했죠. 그렇게 중학교 시절을 보내며 '축구가 아니면 나는 0점 인생을 살 수밖에 없겠구나'라는 생각이 들었어요. 우리나라는 운동선수들은 중고등학생 때 공부하는 수업은 듣지 않고 오로지 운동만 하니까요. 다른 길이 없는 것 같더라고요. 축구로 성공하지 못하면 정말 힘든 인생을 살 수 있겠단 생각이 든 후부터, 제 모든 걸 축구에 걸었죠. 그렇게 삶의 초점이 축구에 맞춰지게 됐습니다.

축구의 여러 포지션 중에서 골키퍼를 하게 된 계기가 있나요?

고등학교 진학을 하면서 필드냐 골키퍼냐, 선택의 갈림길에 서서 고민이 많았어요. '내가 경쟁력 있는 포지션이 어디일까?' 생각해보니 중학교까지는 힘이 좋아서 필드 포지션이 가능했던 것 같았어요. 고등학교에 올라오니, 다른 선수들이 체격도 커지고 뛰는 시간도 길어지면서 상대적으로 부족함이 보이기 시작했거든요. 훈련할 때 달리기를 하면 1등과 저는 두 바퀴씩 차이가 났어요. 일단 축구는 뛰어야 하는데, 첫 번째 조건이 안되니 경쟁력이 없는 거죠. 하지만 순간적으로 움직이는 건 자신 있었어요. 골키퍼는 짧은 공간만 움직이면 되니까, 축구로 성공하기 위해선 골키퍼가 되는 것도 괜찮다는 생각이 들었죠. 감독님과 코치님과 이런 얘기를 나눌 때, 제가 축구선수로서 계속 나아갈 수 있는 확률이 높은 곳이 어디일지 생각하고 결정했습니다. 필드 선수나 골키퍼나 똑같은 축구선수니까요. 제가 가진 장점을 살려서 몰입했습니다.

필드 포지션에서 골키퍼로 전향하기엔 늦은 시기인데, 어렵진 않았나요?

힘든 시간을 보냈어요. 더 어렸을 때부터 골키퍼로 시작한 선수들도 있는데, 저는 고등학교에 올라오고 나서 밑바닥부터 골키퍼를 시작하려니 아무것도 몰랐죠. 공을 어떻게 잡는지도 몰랐고요. 백지상태에서 시작한다는 게 크나큰 모험이었습니다. 골키퍼로 전향한 1학년 때는 아무것도 모르고 했어요. 유니폼도 필드 유니폼과 골키퍼 유니폼 2개였어요. 골키퍼 자리가 비면 골키퍼로 들어가고, 필드 자리가 비면 필드에 들어갔죠.

좋아하는 일과 잘하는 일 중 무엇이 더 중요한가요?

좋아하는 걸 하는 게 먼저예요. 좋아하는 걸 하다가, 노력해서 잘하게 되는 거죠. 제가 축구가 좋아서 시작했다가, 잘 할 수 있는 골키퍼로 전향한 것처럼 좋아하는 것과 잘하는 것 사이에는 말이 하나 놓여 있다고 생각해요. 그 가운데 말을 어떻게 두느냐가 중요하다고 생각합니다. 대부분의 사람이 좋아해서 무언가를 시작하고, 그걸 잘하고 싶어 하죠. 하지만 그 가운데에서 어떻게 준비 해야 할 지는 잘 모릅니다. 설계, 계획, 실행 등의 단계가 필요해요. 공부를 잘 하기 위해 학원에 다닐지 과외를 할지 고민하는 것처럼 운동도 똑같습니다. 개인 지도, 그룹 레슨, 개인 운동 혹은 영양학 파악 등 많은 과정 중 무엇을 해야 할지 파악하고 노력해야, 좋아하는 일을 잘하고 계속할 수 있겠죠?

 **운동선수로 실패했다는 생각이 든 적도 있나요?**

제 이름이 사람들에게 알려진 건 2002년 월드컵이었습니다. 제 첫 월드컵은 1994년이었는데 94년도, 98년도에 누가 이운재를 알았겠어요. 6~7년 동안 대중에게 알려지지 않고 운동을 해오는 동안 많은 실패를 겪었고 무척이나 힘들었습니다. 그 당시에는 이인자, 삼인자로 꼽히지도 않을 만큼 등수 안에 들어본 적도 없었어요. 하지만 지금까지 땀 흘리며 노력한 시간이 하찮게 묻혀버리도록 내버려 두고 싶진 않았습니다. 한 번 더 도전하고 싶었어요. 2002년 월드컵에 제 인생의 모든 것을 걸었습니다. '여기서 성공하지 못하면 끝이다'라고 생각했죠. 실패해봤기 때문에 이룰 수 있었던 거였어요.

 **축구선수 시절 가장 기억에 남는 경기나 시즌은 언제인가요?**

정말 소중하고 기억에 남는 월드컵을 하나 꼽으라면 2006년 독일 월드컵이에요. 2002년 한일 월드컵이 축구선수로서 '생존'하기 위해 올인했던 해라면, 2006년은 축구선수로서 무엇을 해야 할지 알고 중압감과 책임감을 느끼며 출전한 대회였습니다. 많은 사람이 2002년도 월드

컵의 주장은 '영원한 리베로' 홍명보 선수, 2010년도 월드컵 주장은 '캡틴 박' 박지성 선수로 오래도록 기억하고 있습니다. 2006년 독일 월드컵의 주장은 기억 속에 희미하실 텐데요, 바로 저였습니다. 제게는 더 뜻깊은 대회였고, 어떻게 하면 더 위로 올라갈 수 있을까 많이 고민했던 시기였죠.

그 대회가 끝나고 다시 팀으로 들어왔는데, 한 경기를 마친 후 부상 때문에 잠깐 쉬게 됐어요. 그랬더니 밑에 있던 선수들이 출전하기 시작하더라고요. 제가 게임에 안 나가면 팀이 망가질거로 생각했는데, 팀은 잘 나가더라고요. 제 빈자리가 티가 나지 않는 그때부터 내려가기 시작했습니다. 제가 없어도 축구와 세상이 돌아간다는 게 참 마음이 아팠어요. 2010년도 월드컵은 저의 대표선수 생활을 정리하고 마무리하는 단계였습니다. 정성룡 선수에게 골키퍼 자리에서 밀리게 됐지만, 후회는 하지 않았어요. 제가 할 수 있는 모든 걸 다 했으니까요. 최선을 다했으니 미련도, 후회도 없이 웃으면서 끝낼 수 있었습니다.

 ## 골키퍼는 승부차기에서 어떤 자세를 가져야 하나요?

일대일 단독 찬스에서, 기다림으로써 상대방에게 부담감을 주는 것입니다. 골키퍼와 공격수의 입장은 아주 달라요. 공격수는 일단 골키퍼 뒤에 있는 골대에 골을 집어넣어야 하고, 그 골대는 움직이지 않습니다. 골키퍼는 먼저 움직이는 사람이 아니라 나중에 움직이는 사람이에요. 기다림의 미학이죠.

승부차기에서 골키퍼가 골을 막는 데 실패하는 이유는 본인이 다 해결하려고 하는 마음 때문이에요. 그런 마음가짐이 있으면 의욕이 강해지고, 과한 의욕이 생기면 몸놀림이 빨라지죠. 그럼 키커보다 먼저 반응하게 됩니다. 하지만 가만히 기다려야 해요. 골키퍼가 가만히 기다리고 있으면 뒤 순서의 키커는 부담을 느낍니다. '구석에 정확하게 차야

지'라는 생각은 볼을 골대 밖으로 보내는 상황을 만듭니다. 이렇게 볼을 골대 밖으로 내보내는 것도 골키퍼가 막아낸 거라고 할 수 있어요. 골대 안으로 들어온 골만 막는 게 아니죠. 그리고 저는 승부차기를 했던 몇 백명의 선수들을 다 기억하고 있어요. 프리킥도 어떤 발로, 어떻게 차는지도 다 기억하고 있죠.

 **기다림의 미학이 빛을 발했던 에피소드가 있다면 들려주세요**

2011년에 울산에서 상대 팀인 설기현 선수가 PK*를 찼습니다. 그때 제가 먼저 움직여서 몸이 공중에 떴는데, 설기현 선수가 가운데로 공을 찼어요. 다음 해인 2012년도에 인천에서 상대 팀으로 또 설기현 선수를 만났습니다. 경기 전에 "기현아, 또 PK를 차게 되면 가운데로 차지 말아라"라고 얘기했죠. 그런데 또 가운데로 차더라고요. 다른 점이 있다면 이번엔 제가 가운데 딱 서서, 그 공을 잡았다는 거였죠. 경기가 끝나고 설기현 선수가 "형, 진짜 안 움직이셨네요?" 하더라고요. 골키퍼는 양쪽으로 움직여서 실점하든지, 가운데에 서서 실점하든지, 어쨌든 실점하는 건 똑같습니다. 하지만 한 번 당했던 상대에게 똑같은 방법으로 두 번 당하면 안 되잖아요. 그래서 기다리는 거죠. 저에게 가운데로 차다가 막힌 선수들이 많습니다.

Question 최고의 자리에서 올라있는 순간의 기분은 어떤가요?

높은 산봉우리를 정복하기 위해서 우리는 정상만 보고 가지만, 정상에 도달하면 밑을 내려다볼 수밖에 없죠. 밑을 보면 어마어마하게 많은 사람이 이 자리에 오르기 위해 열심히 올라오는게 보입니다. 그럼 제 자리를 지키고 살아남기 위해 엄청난 노력이 필요하죠. 이인자, 삼인자의자리에서 일인자 자리를 향해 나갈 땐 많은 사람이 손뼉을 치며 응원해줍니다. 하지만 일인자자리에 오르면 감내해야 할 것들이 많아져요. 겉으로 보기에는 우아하지만 떠 있기 위해 물밑에서는 쉴 새 없이 발버둥 치는 백조처럼, 그 자리에 있기 위해 죽도록 열심히 노력하는 수밖에 없어요. 하지만 겉으로 보이는 모습만이 평가 대상이 되죠. 저렇게 뚱뚱한데 왜 저 자리에 있냐고욕도 많이 들었습니다. 더욱 마음이 아픈 건 가족과 주변 사람들이 힘들어할 때에요. 저는 대중의 관심을 받는 국가대표 선수이기 때문에 그 짐을 짊어지고 갈 수 있지만, 저를 지켜보는 소중한 지인들이 마음의 상처를 입을 때 참 괴로웠습니다. 이때가 가장 힘든 시기였어요.

▶ 무실점 선방!

아직
내가 있어야 할 곳,
필드

▶ 큰 사랑을 받은 곳은 바로 운동장

▶ 국가대표 김태영 코치를 수원 삼성에서 다시 만나다

2006년 월드컵 후에 팀에 돌아온 후 한동안 경기를 뛸 수 없는 힘든 시간을 보냈습니다. 마음에 상처도 많이 받았고, 많은 사람이 이제 선수생활은 끝났다고 얘기하기도 했습니다. 하지만 주저앉지 않고 동계훈련을 열심히 준비했고, 2008년에 0.74의 성적으로 수원 삼성을 우승시켰어요. 그 기록은 아직도 깨지지 않았고, 연말에 MVP로 선정되기도 했죠. 그리고 다시 국가대표팀에 복귀했습니다. 넘어졌다 일어났다를 반복한 거예요. 2010년에 정성룡 선수에게 주전 골키퍼 자리를 넘겨준 후, 축구 인생을 접을 수 있었지만 그러고 싶지 않았습니다. 전남 드래곤즈로 이적했어요. 팀을 옮길 당시에 '돈 더 준다고 가냐'고 이야기한 사람들도 있었지만, 제 이유는 그게 아니었습니다. 축구선수로서 창피하지 않으면 좋겠다는 생각이 들어 쓰러질 수가 없었죠. '이운재' 이름 석 자에 대해 명예 회복을 하고 은퇴하자는 마음이었어요. 그런 과정을 거치고 2012년에 선수 생활을 마무리했습니다.

Question 은퇴 후 많은 진로 중 왜 코치를 선택했나요?

은퇴 후에 두 가지 선택 사이의 갈림길에 서 있었습니다. 첫 번째 길은 해설자였어요. 2012년에 은퇴 후 바로 해설위원 제의가 들어왔습니다. 해설위원 관련 트레이닝을 받아보기도 했지요. 은퇴 후에도 바로 할 수 있는 일이 있다는 게 즐거웠습니다. 하지만 한 발짝 떨어져서 곰곰이 생각해봤어요. '지금까지 많은 사람에게 사랑받으며 해왔던 일이 뭘까? 내가 그 사람들에게 감동을 주는 일이 뭘까?' 바로 떠오른 건 필드 현장이더라고요. 운동장을 떠나 해설을 한다면 방송인으로만 남게 되지 않을까 생각했어요. 제안해주셨던 PD님께는 정중하게 기회를 주셔서 감사하지만, 지금 해설위원을 하게 된다면 선수 입장에서밖에 전달할 수 없을 것 같다. 지도자 입장으로 축구를 좀 더 알고 해설하는 게 어떨지, 제가 더 필요한 곳은 필드인 것 같은데 해설자로서는 그다음에 뵙는 게 어떨지 말씀드렸습니다. 그래서 코치의 길을 걷게 됐죠.

Question 코치로서 팀을 정하게 된 기준은 무엇인가요?

코치로서 거취를 정할 때 많은 제의가 있었습니다. 제가 프로축구를 처음으로 시작한 곳은 수원이었어요. 선수 생활을 하는 동안 수원팀에서 항상 저를 인정해주고 격려해주었기 때문에 코치로서도 가장 먼저 가야 할 곳은 수원이라고 생각했습니다. 좋은 대우를 해주겠다고 한 많은 팀이 있었지만, 저를 사랑해 주는 친정 팀을 두고 다른 곳에 가는 것은 저 자신이 허락하질 않았어요. 수원에서 시작했으니 수원에서 끝내고 싶었죠. 그 '똥고집'은 축구선수로서 자부심과 자존심을 지키게 해준다고 생각합니다. 지금 눈앞에 밝게 빛나는 빛에 현혹돼 무작정 쫓아가기만 하면 안 됩니다. 영원한 빛은 없으니까요. 그 빛이 내게 진정한 가치가 있는지 없는지, 내가 있어야 할 곳이 어디인지 깊이 생각하고 결정해야 해요.

Question 코치의 일과가 궁금해요

집에서 눈을 뜨면 클럽 하우스로 출근합니다. 오전에 1시간에서 2시간 정도 감독과 코치들이 모여 회의해요. 선수들의 경기력과 컨디션, 선수 선발 문제, 앞으로 팀에서 보완해야 할 부분 등에 대해서죠. 점심 식사 후에는 오후 훈련이 시작됩니다. 아무래도 하루 중 훈련하는 시간이 제일 많죠. 훈련하면서 선수를 파악하고, 오늘은 어떤 훈련을 하며, 무엇에 중점을 둘지 고려해서 훈련 프로그램을 만듭니다. 경기가 다가오는 시즌이면 선수들 몸 상태를 점검하고, 엔트리 18명에 들어갈 멤버와 11명의 베스트 멤버를 파악합니다. 보통 경기 2일 전에 이루어져요. 이때부터는 훈련도 선수별로 분리해서 합니다.

Question 코치 이운재는 어떤 사람인가요?

다른 사람들에게 존중받고 존경받기 위해 지도자를 한다고 생각할 수 있지만, 전 오히려 그 반대라고 생각해요. 제가 먼저 상대를 존중하고 존경하며 다가간다면, 나머지는 자연스레 따라오겠죠. 저는 '제시'하는 사람입니다. '이렇게 고쳐!'라고 하진 않아요. 그 선수는 내가 아니기 때문에 서로 다르다는 걸 이해해야 해요. 신체 조건도, 생각도 다르니까요. 배려 없이 자존심을 상하게 하는 지도법은 싫습니다. 선수들이 스스로 생각하고 받아들일 수 있는 마음가짐을 가지도록 하고 있습니다. 선수들이 받아들이겠다는 자세가 준비되면 습득도 빨라져요. 끊임없이 '이렇게 해보면 어떨까? 네가 한 번 생각해봐'라고 방향 제시만 해줘요. 이후의 결정은 선수에게 달렸죠. 하지만 분명 차이는 있습니다. 비관적으로 생각하고 변화를 싫어하는 선수들은 10가지를 알려줘도 2~3개밖에 받아들이지 못합니다. 하지만 열려있는 자세를 가진 선수들은 10가지를 알려줄 때 20~30개를 얻어가죠. 누구에게나 변화는 어렵습니다. 인생을 책임지는 건 코치가 아니라 본인의 결정이고요.

Question 지도자로서 가진 신념이 있다면 무엇인가요?

배려와 존중도 필요하지만, 승부의 세계에서는 냉정하게 판단하고 평가해야 합니다. 2016년 리우데자네이루 하계 올림픽 당시, 두 명의 골키퍼가 있었습니다. 많은 관계자가 김동준 선수를 선택했지만 저는 구성윤 선수를 추천했습니다. 골키퍼는 실력도 중요하지만 정신력이 더 중요합니다. 정신력은 운동장에서 나와요. 정신력이 준비되어있지 않은 선수는 아무리 운동장에서 노력하더라도 최고의 기량이 나오지 않습니다. 선발 골키퍼를 결정하기 위해서 저는 두 선수의 올림픽 출전 직전의 열 경기를 봤어요. 김동준 선수는 실점과 실수가 잦았습니다. 그럴 경우 컨디션 난조가 생길 수 있죠. 한편, 구성윤 선수는 7경기 무실점에 8연승 상황이었습니다. 이렇게 몸 상태뿐만 아니라 심리적인 부분을 모두 고려해서, 다수의 의견과는 다르지만 팀에 도움이 될 선수를 소신 있게 말씀드렸습니다. 이용수 기술위원장님이 깜짝 놀라셨죠. 태극마크를 달고 뛰는 중요한 시기에 선수는 인생이 달렸는데 선호도로 가벼운 선택을 할 순 없잖아요. 냉철한 판단이 꼭 필요하다고 생각합니다. 저는 1, 2, 3순위의 선수가 있더라도 1, 2위 선수가 준비되지 않은 상태고 3위 선수가 준비돼 있다면 3위 선수에게 기회를 줍니다. 준비되어 있어야 팀을 이끌 수 있으니까요. 선수들이 그런 평가를 받았을 때 속상하기도 하고 원망하는 마음이 들 수도 있겠지만, 준비되어있어야 한다는 걸 느낄 수 있도록 계속 보여주려고 합니다.

한 팀에는 여러 코치님이 계실 텐데, 서로 의견이 다를 경우 어떻게 결정하나요?

의견을 나눌 때 그 의견을 중재하는 사람이 있잖아요. 스포츠팀에서는 바로 감독입니다. 코치들은 각자의 입장에서 의견을 제시하고, 다 함께 토론합니다. 팀에 대한 결정권은 감독이 가지고 있기 때문에, 감독은 최대한 많은 이야기를 들은 후 중심을 잡고 결정하게 됩니다.

코치라는 직업에 본인의 성격이 도움이 되거나, 혹은 성격 때문에 어려운 점이 있나요?

저는 FM 방식을 추구하는 사람입니다. 제가 하는 일에서는 끝까지 완벽하게 하고 싶어요. 규칙이 있다면 절대 벗어나지 않으려 하고, 벗어나서도 안 된다고 생각해요. 물론 인간관계는 유연해야 하지만, 경쟁 시스템에서는 주어진 룰을 누구에게나 동등하게 적용해야 하죠. 그래야만 노력한 만큼 대가가 충족되지 못했단 생각이 안 들기 때문이죠. 대신, 이런 원칙 때문에 정이 부족한 것처럼 보일 수도 있죠.

선수들을 볼 때 가장 아름다운 모습은 어떤 모습인가요?

코치로서 선수들을 보고 있으면 정말 처절해 보여요. 밑바닥부터 열심히 하는 모습이 불쌍할 때도 있어요. 하지만 그게 가장 아름다운 모습이에요. 승리를 위한 처절한 몸부림과 투혼 말이에요. 얼마 전 손흥민 선수가 경기가 끝난 후 우는 모습을 봤어요. 그리고 한 시간 후엔 웃고 있더라고요. 눈물을 흘려봤기에 웃을 수 있는 거죠. 모든 걸 걸고 열심히 했단 증거거든요. 충분히 노력하고 나서 맞이하게 된 실패에 대한 아쉬움의 눈물이죠. 열심히 노력하지 않으면 눈물도 나오지 않아요. 열심의 결과는 나중에 찾아와요. 한번은 국토대장정을 떠나는 학생들에게 특강을 하러 간 적이 있었는데, 첫째 날 다들 한껏 멋을 내고 왔더라고요. 그 친구들에게 '포기하지 말고 끝까지 가라. 여러분이 완주했을 땐 분명 몸은 지치고, 머리는 엉겨 붙고, 얼굴은 까맣게 탔을 것이다. 그렇지만 그 모습이 여러분의 인생에서 가장 아름다운 모습이다'라고 이야기해주었습니다. 어떤 친구들은 '아, 그때 조금 더 열심히 할걸'이라고 하겠지만, '최선을 다했으니 미련 없어'라고 하는 친구들도 있겠죠. 땀나는 삶은 멋있어요. 땀은 절대 배신하지 않습니다.

실패를 두려워하지 말고 덤벼라

▶ 나의 키워드

김병지 기다림 승리 몰입 배려 승부욕 다이어트
인내 살 도전 지도자 이운재 아시아 최고 승부차기 신뢰 약을 챙겨먹자
MVP 히딩크 믿음 경쟁력
인간미 2006 월드컵
필드 플레이어 국가대표 코치 배려 교육자 이운재 동네 삼겹살집 아저씨
따뜻한 아저씨 제시
진정성 열정
무서운 인상 판단력 선택 2002 월드컵

▶ 소아암 어린이를 위한 천사로 변신

▶ 책 인터뷰를 한 지재우 이사와 함께

Question 앞으로 이루고 싶은 목표가 있나요?

선수 생활이 끝났으니, 지도자로서의 목표가 있겠네요. 무엇보다 제자들이 잘 되는 게 목표겠죠. 최고의 기량과 성적을 내게 하는 것도 중요하지만, 사람 냄새가 나는 선수들이 되었으면 하는 바람이 있습니다. 선수 인생은 몇 년이면 끝나잖아요. 저도 30년 동안 축구선수로서 생활했지만, 앞으로 살아갈 시간이 더 많습니다. 그렇기 때문에 사람들과 더불어 살아가고, 공동체 정신을 잃어버리지 않는 인생관을 가질 수 있도록 이끌어주고 싶어요. 저도 김호 감독님으로부터 이런 가르침을 많이 받았습니다. 감독님과 식사를 같이 할 때마다 한두 시간은 이야기를 나눴는데요, 늘 '축구선수가 되기 전에 사람이 돼라'고 하셨죠. 그리고 어린 친구들이 올바르게 성장하도록 하는 건 어른들의 책임이라고 생각합니다.

Question 코치 생활 이후의 단계는 어떻게 준비하고 계시나요?

기회는 언제 올지 모릅니다. 그 기회를 잡으려면 미리 준비되어있어야 하겠죠. 그래서 일단 라이센스를 취득했습니다. 선수 생활을 하면서 휴가 때 자격증을 따기도 하고, 은퇴 후에도 준비해서 자격증을 땄어요. 골키퍼 관련 자격 3개뿐만 아니라 필드 플레이 관련 자격도 A 코스까지 취득했습니다. A 코스는 프로팀 감독까지 할 수 있는 자격입니다. 제가 내세울 수 있는 장점은 필드와 골키퍼 경험이 모두 있다는 거예요. 필드 포지션 선수들은 골키퍼 지도를 할 수 없거든요. 안 해봤으니까요! 저는 중학교부터 고등학교 1학년까지는 필드 플레이어의 모든 포지션을 경험해봤기 때문에 어느 위치에서 어떻게 해야 하는지를 알고 있습니다. 이 장점을 계속 살려서 지도자 자격증을 준비하다 보니 벌써 축구 관련 자격증이 7개나 있답니다. 지금 당장 대학팀 감독으로도 갈 수 있죠. 마지막 하나 남은 건 P 코스 입니다. 바로 국가대표 감독을 할 수 있는 자격이에요. 어떤 기회가 오더라도 준비가 부족해서 놓치는 일이 없도록 해야겠죠.

선수 생활 이후의 진로 결정에 대해 후배들에게 조언을 해주신다면요?

어린 선수들에게는 인생을 포기하고 축구에 미쳐보라고 얘기하지만, 은퇴할 무렵의 선수들에게는 앞으로의 인생을 준비해야 한다고 얘기합니다. 축구 말고 다른 것도 배우라고요. 선수들은 운동하면서 다른 걸 배우기가 힘들다고 해요. 그럴 땐, 축구 경기를 하지 않고 살 시간이 훨씬 많다고 얘기해줍니다. 축구선수로서 축구에 올인할 수 있는 건 올인해야 하지만, 은퇴할 무렵에는 은퇴 이후의 삶에 대해서도 설계할 줄 알아야 해요. 설계한 대로 인생을 살아가진 못하지만, 계획이 있어야 10개 시도할 때 두세 개 정도의 길이 있겠죠.

선수들이 꼭 기억했으면 하는 것이 있나요?

스포츠와 인생은 실패의 연속이에요. 실패를 얼마나 빨리 딛고 일어서느냐가 중요하고, 실패를 두려워하지 않고 덤비는 인생관이 필요합니다. 그곳이 전에 경험해보지 못한 새로운 길이라도 말이죠. 실패가 무서워서 도전하지 않는다면 젊음이 무슨 소용이겠어요. 선수들뿐만 아니라 이 인터뷰를 읽는 학생들도, 실패를 두려워하지 않길 바랍니다. 물론 한 번 실패했다고 다음번에 실패하지 말라는 법은 없습니다. 실패 후엔 다시 실패하지 않기 위해서 준비해야죠. 다시 돌아오지 않을 지나간 시간을 붙잡고 후회하지 말고, 무엇을 잘못했을까 분석하고 승리를 위해 칼을 갈면 됩니다. 3보 전진을 위한 1보 후퇴라고 생각해야죠. 2보 전진은 식상하잖아요? 실망하지 않고 그 안에서 다시 일어설 수 있다면 그건 성공이지요. 하지만 실패조차 경험해보지 못한 사람은 무엇을 잘못하고 있는지 모르기 때문에 무너지게 돼요. 실패를 맛본 사람이 진정한 성공과 성취의 맛을 압니다. 이게 우리들의 인생이지 않을까요? 혼자라서 부족하다면 동료와 함께 나아가며 시너지 효과를 내면 되고요.

 ## 가장 많이 배움을 얻는 곳은 어디인가요?

사람으로부터 얻는 배움이 가장 가치 있다고 생각해요. 늘 사람을 통해 배우려고 노력합니다. 약간 아줌마 스타일이에요, 하하. 이야기하는 걸 참 좋아합니다. 이야기 속에 정보가 있거든요. 책은 언제든지 읽을 수 있지만 어떤 사람을 언제 만나게 될지는 아무도 모르죠. 그 사람의 말과 행동에서 인생을 배웁니다. 아무리 못된 사람이라도 제가 배워야 할 것이 있고, 저보다 한참 어린 학생들에게도 배울 점이 있죠. 서로 이야기를 나누다 보면 그 속에서 제가 미처 몰랐던 걸 알게 되거든요. 그걸 받아들일 수 있는 마음의 문을 열어두려고 하고, '나는 그렇게 하고 있는가?' 계속 질문을 던져보곤 합니다.

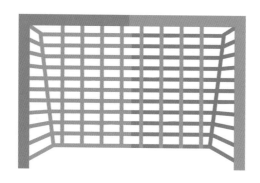

많은 사람이 이운재 코치님을 성공한 축구선수로 기억하는데, '성공'이란 무엇이라고 생각하나요?

스포츠인으로서, 축구선수로서, 골키퍼로서 '이운재가 성공했구나'라고 말씀해주실 때의 성공은 많은 분에게 관심과 사랑을 받았다는 말이라고 생각해요. 아직 '성공'이라는 단어를 쓰기엔 이른 것 같아요. '기쁨'은 한 경기, 한 경기 승리할 때마다 얻을 수 있지만요. 시간이 흘러 지도자 생활을 내려놓을 때가 돼서야 진정한 보람을 느낄 것 같아요. 그땐, 성공이 자연스럽게 옆에 와 있지 않을까요? 스스로 성공했다고 느낀다면 그건 성공보다는 자만일 수도 있을 것 같아요. '이 정도면 되겠구나'라는 생각에 젖지 않도록 늘 경계해야 합니다. 선수들에게도 그 나이 때 청춘을 즐기며 놀고 싶은 마음을 절제하고 열심히 해야만 그들이 목표하는 단계에 올라설 수 있다고 이야기해요. 저도 여전히 진행형입니다.

 마지막으로, 꿈을 찾아가는 학생들에게 한 마디 부탁드려요

나 자신을 믿어야 합니다. 가치관이 확실해야 해요. 저는 이걸 '똥고집'이라고 표현하고 싶네요. 진로를 결정할 때 자기가 가지고 있는 가치관을 포기하지 않고 얼마나 뚝심 있게 밀고 나갈 수 있느냐가 참 중요합니다. 원하는 길을 가려고 할 땐 엄청난 비바람이 불겠죠. 가치관이 확실하다면 '이 비바람은 곧 지나갈 것이다'라고 생각하며 계속해나갈 수 있을 거예요. 지금까지 해온 일에 대해 자부심을 가져야 하고, 그 자부심을 절대 잊어버려서는 안 됩니다. 홈런왕이 되기 위해선 뭘 해야 할까요? 삼진 아웃을 많이 당해야 홈런을 칠 수 있겠죠. 좌절과 실패, 그리고 눈물이 있더라도 자신을 믿고, 또 내게 가르침을 주는 사람을 믿고 끝까지 달려가기를 바랍니다.

작은 동네에서 더 큰 세상에 호기심을 품었다. 전학 간 학교 배구부에서 키가 가장 작아 자연스럽게 '센터' 포지션을 맡게 되었다. 청소년 국가대표까지 탄탄대로를 걷다, 좋은 조건으로 입단한 구단에서 6년 동안 후보 선수로 긴 기다림을 만나기도 했다. 그 시절이 지금의 자신을 단단하게 만들었다고 고백하는 그녀는, 결국 팀과 함께 프로배구 우승을 이루었다. 은퇴 후, 배구 해설위원으로 변신해 일과 가정의 균형을 맞추면서 팬들에게 배구를 차근차근 설명해주는 역할을 하고 있다. 앞으로도 배구와 관련된 일을 하며 '배구'라는 키워드 속에 '이숙자'가 남아있기를 바라는 마음으로 열심히 달려간다.

배구 해설위원

이숙자

현) KBS N 스포츠 배구 해설위원
전) GS칼텍스 서울 KIXX배구단 선수
전) 현대 그린폭스 여자배구단 선수
경기대학교 졸업

- 2012 제30회 런던 올림픽 여자 배구 국가대표
- 2011 그랑프리 세계여자배구대회 국가대표
- 2007 제14회 아시아여자배구선수권대회 국가대표
- 2007 프로배구 V리그 올스타

스포츠전문가의 스케줄

이숙자 해설위원의 하루

22:00~24:00
▸ 해설에 필요한 정보 정리 및 공부
24:00
▸ 취침

07:00~09:00
▸ 기상 및 준비
09:00~11:00
▸ 배구 경기 자료 수집 및 정리

17:00~19:00
▸ 마무리 후 귀가
19:00~22:00
▸ 저녁 식사 및 가족과의 시간

11:00~12:00
▸ 배구 경기장으로 이동
12:00~13:00
▸ 아나운서 및 방송 관계자와 오늘의 경기 관련 회의

14:00~17:00
▸ 배구 경기 중계

13:00~14:00
▸ 당일 경기 팀 감독, 선수와 사선 인터뷰

배구의
매력에 빠진
키 작은 땅콩

▶ 전국 종별대회 우승

▶ 전국 종별대회에서 최우수 선수로 선정

▶ 고등학교 시절 아시안게임 수상

어떤 계기로 배구를 시작하게 되셨나요?

아버지께서 배구 선수셨어요. 자녀 중 한 명은 운동선수를 하면 좋겠다는 생각을 가지고 계셨죠. 오빠가 먼저 축구를 시작했는데 몸이 약해 그만두었어요. 그러다 아버지 선배 중 한 분이 제게 배구를 권유하셔서 배구를 시작하게 되었습니다. 그때 배구가 뭔지도 몰랐지만, 또래 친구들보다 머리 하나가 더 있을 정도로 키가 커서 가능성이 있다고 생각했어요. 어린 마음에 시골에서 벗어나  다른 세상에 가보고 싶은 호기심도 있었죠. 초등학교 5학년 생일에 전학을 갔습니다. 배구팀에 하얀 드레스를 입고 간 첫날부터 하기 싫다며 울었지만요. 하하.

Question 어린 시절 시작한 배구선수 생활은

어땠나요?

제가 생각했던 배구선수의 모습과는 달랐어요. 머리카락도 짧게 잘라야 했고, 선배 언니들의 집합도 있어서 힘들었죠. 부모님과 떨어지는 첫날은 대성통곡했지만, 그 이후엔 부모님께 걱정을 끼쳐드리고 싶지 않아서 한 번도 힘들다고 투정 부리거나 운동을 그만두고 싶다고 말씀드린 적은 없었습니다.

Question 배구의 여러 포지션 중에 세터를 하게 된
계기가 있나요?

키가 작았기 때문에 처음부터 세터*를 하게 된 거예요. 전학 간 학교에서는 새로운 선수가 온다고 모두 기대하며 기다리고 있었는데, 그 기대와 달리 이전 동네에서 키가 큰 편인 제가 그 배구부에선 제일 키가 작았죠. 그때는 리베로가 없었기 때문에 할 수 있는 포지션이 세터밖에 없었어요. 키가 작아서 선수들 사이에선 별명이 땅콩이었어요. 중학교 3학년 때 지금 키인 175cm까지 크게 되었답니다.

> 〈잠깐! '세터(Setter)'란 무엇인가요?〉
>
> 배구 경기에서 토스(toss)를 올려주는 역할을 맡은 플레이어를 말하며, 토서(tosser)라고도 한다. 특히 기량이 뛰어나고 우수한 세터를 가리켜 토스렌(tosren)이라고 부른다.
>
> 출처: 두산 백과

 **Question** 세터는 손 감각이 중요하다고 하는데,
어떻게 훈련을 하나요?

토스를 위한 손 감각을 익히기 위해서는 배구공을 가지고 많이 연습하는 방법이 최선 같습니다. 혼자 벽에 공을 튕기며 훈련하기도 하고, 트레이너나 코치들과 자세와 방법을 연구합니다. 저는 정해진 훈련 시간 전에 미리 나오거나 야간에 개인 훈련으로 연습을 더 많이 하려고 노력을 했습니다. 또한, 토스를 손뿐 아니라 하체의 힘도 함께 받쳐줘야 더 힘 있게 공을 올릴 수 있어요. 그래서 웨이트 운동도 많이 했죠.

배구선수 말고 다른 꿈도 있었나요?

피아니스트가 꿈이었어요. 어린 시절에 배우는 것을 너무 좋아해서 동네에 새로운 학원이 생기면 제일 먼저 가곤 했죠. 많은 학원에 다녔지만 모두 중도에 그만두고, 계속 다닌 학원은 피아노와 주산이었어요. 교회에서 꾸준히 피아노 반주를 했고, 배구선수가 되기 전까지 꾸준히 연주하면서 피아니스트의 꿈을 오랫동안 품었습니다.

Question **배구의 어떤 매력에 빠졌는지 궁금해요**

단체 운동의 성취감이 커서 매력적으로 다가왔어요. 배구는 개인 실력도 중요하지만, 팀이 함께 만들어가야 하므로 그 결과에 대한 성취감이 개인 운동과는 또 다르다고 생각해요. GS칼텍스 팀에 있었을 때 시즌 중 연패를 계속해 저도, 팀도 사기가 떨어졌었는데 마음을 다잡고 팀원들과 집중하고 열심히 훈련해서 그 시즌 우승을 한 경험이 있어요. 말로 표현할 수 없을 정도로 세상을 다 가진 기분이었죠. 실내 스포츠이면서 상대편과 신체 접촉이 심하지 않은 점도 마음에 들었습니다. 자세를 잘 만들었을 때 몸으로 표현되는 선도 예쁘게 보여 좋았고요.

Question **종목이 성향이나 성격에 영향을 미치기도 하나요?**

개인 종목이나 구기 종목 등 선수들이 하는 운동에 따라 성향이 바뀔 수도 있겠구나 하는 생각이 듭니다. 농구나 핸드볼 선수를 보면 서로 몸을 부딪치며 경기를 하다 보니 배구선수보다 와

일드하더라고요. 배구선수들이 다른 종목 선수들과 비교해 좀 더 신사적이고 착하다고 이야기 하시는 스포츠 해설자분도 있었는데, 배구는 몸을 부딪치는 운동도 아니고, 네트를 사이에 두고 하는 단체 운동이다 보니 배려가 자연스럽게 묻어나서 그렇게 느껴지는 것 같아요.

 **배구 선수로서 재능이 있다는 사실을 언제 알게 되었나요?**

초등학교 6학년 때 전국 종별대회에 나가게 됐습니다. 경기 중에 레프트 위치에서 백토스로 라이트까지 쭉 밀어 토스를 했는데 참 예쁘게 잘 올라갔어요. 초등학생이 그 정도 백토스를 한다는 걸 높이 평가받아 그 대회에서 최우수상을 받았고, 그때부터 개인상도 하나둘씩 받기 시작했습니다. 주변에서도 칭찬을 많이 해주셔서 더 노력했던 것 같아요. 학창시절은 정말 재미있게 운동했습니다. 중고등학교 시절에는 청소년 국가대표로 활약할 수 있었죠.

 **국가대표 선수들을 보면 가족의 영향도 많이 받는 것 같아요**

제 등번호는 4번이었는데, 아버지의 선수 시절 등번호와 같아서 부녀가 같은 번호로 이어받은 셈이에요. 사실은 학생시절 등번호를 배정받을 때 네 번째로 줄을 서서 자연스럽게 4번을 하게 됐지만요. 하하. 아버지께서는 제가 전지훈련을 가거나 대회에 참가할 때마다 차를 직접 운전하셔서 팀 선수들을 데려다주시곤 했어요. 선수 시절 영상도 직접 찍어주셨고요. 그 영상을 지금까지 모두 보관할 정도로 적극적인 지원을 해주셨습니다. 덕분에 아무리 지치더라도 '조금

쉬고 싶다'는 생각을 하긴 했지만, '그만두고 싶다'고 생각해본 적은 없어요. 모두 가족의 지지와 응원 덕분이죠.

 Question 본인이 맡은 포지션에서의 장점은 무엇이었나요?

자신 있게 플레이를 했습니다. 저는 힘이 뛰어난 선수는 아니어서, 점프 토스*를 주로 했습니다. 점프 토스를 할 때 스피드도 살고 힘 있게 공이 나가서, 빠른 플레이나 속공을 잘 했어요. 그래서 세트플레이*를 좋아했고, 잘한다고 느꼈습니다.

<잠깐! '토스(Toss)', 그리고 '세트플레이(set play)'란 무엇인가요?>
- 토스(Toss): 패스와 비슷한 의미지만, 패스는 볼을 연결하는 목적에 머무르는 반면, 토스는 스파이크 하기 좋게 연결함을 말한다.
- 세트플레이(set play): 농구나 축구, 배구 등의 구기종목의 경우 선수들이 미리 약속한 패턴대로 상대팀을 조직적으로 공격하고 수비하는 행위이다.

출처: 시사상식사전

Question 청소년 국가대표라면 다른 학교에서 스카우트 제의를 받기도 했을 텐데, 고등학교까지 계속 같은 팀에 있었던 이유가 궁금해요.

스카우트 제의를 아버지께서 저에게 전달하지 않으셨어요. 청소년 선수 시절 제가 있던 학교에서 지원이 많진 않았지만, 저희 팀 선수들이 단합도 잘되고 사이도 좋았습니다. 제가 다른 팀으로 가게 되면 저희 팀은 세터가 없어지게 되고 팀 해체를 하는 상황이 될 수도 있고, 다른 팀에서 적응부터 시작해 팀 선수들과의 관계 등 많은 부분을 새로 맞추는 게 쉽지 않을 거로 생각하신 것 같아요. 아버지께서 저를 잘 알고 내린 좋은 선택이었죠. 덕분에 저와 잘 맞는 자유로운 분위기의 학교에 다니게 되어서 선수 생활을 잘 마칠 수 있었습니다.

〈잠깐! 알고 가자 배구 상식!〉

배구는 토스와 리시브, 스파이크 등과 같은 기술을 이용하여 두 팀 간에 네트를 사이에 두고 벌이는 구기 스포츠로, 볼을 바닥에 떨어뜨리지 않고 서로 쳐서 상대방 팀의 코트에 떨어지게 하는 경기이다. 한 팀은 공을 3번 접촉한 뒤에는 반드시 네트 너머로 되돌려 보내야 한다.

• 경기 방법

6인제는 이름 그대로 6명의 선수가 네트를 사이에 두고 상대하여 볼을 서로 쳐서 최종 5세트를 제외한 나머지 세트는 최소 2점을 앞선 상태에서 25점을 따낸 팀이 세트를 얻게 된다. 국제 규칙에서는 5세트를 겨루게 되어 있는데 3세트를 먼저 따내는 쪽이 이기게 된다. 9인제에서는 서브권과 관계없이 득점을 얻을 수 있고 서브는 2번 넣을 수 있다.

보통 배구 시합 중에 일어나는 플레이는 다음과 같은 순서로 진행된다. 서브 → 서브 리시브 → 토스 → 스파이크로 서브 측에 넘어오고 블로킹 → 리시브 → 2단토스 → 스파이크로 볼을 다시 넘기면 다시 계속해서 상대편이 리시브 → 토스 → 스파이크로 응수하는 행위가 반복된다. 이 과정에 여러 가지 규칙이 따르며 그 결과에 따라 득실점이 결정된다.

• 포지션

- **왼쪽 공격수** (left attacker) 공격 지역의 왼쪽에 있는 포지션. 주요 임무는 공격으로 득점하는 것이다.
- **왼쪽 수비수** (left back) 후위 지역의 왼쪽에 있는 포지션. 주요 임무는 짧게 떨어지는 공을 받아넘기는 것이다.
- **중앙수비수** (center back) 후위 지역에 있는 포지션. 이 선수의 주요 임무는 길게 떨어지는 공을 받거나 차단 된 공을 되살리는 것이다.
- **오른쪽 수비수** (right back) 후위 지역의 오른쪽에 있는 포지션. 이 선수의 주요 임무는 짧게 떨어지는 공을 받아넘기는 것이다.
- **중앙공격수** (center attacker) 공격 지역의 한가운데를 담당하는 포지션. 이 선수의 주요 임무는 상대방의 공격을 방어하는 것이다.
- **오른쪽 공격수** (right attacker) 공격 지역의 오른쪽을 담당하는 포지션. 이 선수의 주요 임무는 공격해서 득점하는 것이다.
- **리베로** (libero) 특히 서브의 리시브를 담당하는 포지션. 팀의 다른 선수들은 경기를 진행하는 동안 위치를 변경하지만 이 선수는 오로지 방어만 한다.

출처: 브리태니커 비주얼사전

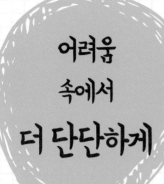

어려움
속에서
더 단단하게

▶ FA 이적 후 첫 우승

▶ 매 경기마다 치열한 플레이로

▶ 팀 선수들과 함께 화이팅

Question ## 프로 선수로 입단하게 된 이야기를 들려주세요

청소년 국가대표로 뛸 때 현대건설과 일찍 계약하게 되어 입단했어요. 주전 베스트로 뛰는 것이 계약 조건 중 하나였죠. 많은 프로팀들이 머리도 짧고 강인해 보이는 이미지였는데, 현대건설 언니들이 가장 세련되고 예뻐 보였던 이유도 있었지요. 하하. 하지만 얼마 지나지 않아서 IMF 외환위기가 닥치면서 경기가 나빠졌습니다. 그 영향으로 선경팀이 해체하게 되면서 저를 스카우트했던 감독님은 나가시고 선경팀의 감독님이 현대건설팀 감독으로 오셨어요. 당시 선경팀에 있던 최고의 센터와 세터인 강혜미 선수와 장소연 선수도 저희 팀으로 오게 되었죠. 최고의 선수들이 오니 저는 자연스럽게 벤치에서 대기해야 했습니다.

Question ## 힘든 시기를 보내셨을 것 같아요

그 전까지는 주목도 많이 받고 엘리트 코스를 밟아오며 청소년 국가대표로서 좋은 조건에 경기를 뛰었어요. 탄탄대로였죠. 하지만 백업 선수도 아닌 거의 경기에 못 나가는 후보 선수 시절을 6년이나 보내게 되면서 무척이나 힘들었어요. 당시 계약에 선수 스스로가 그만둘 시 계약금의 3배를 물어줘야 하는 조항이 있어서, 어쩔 수 없이 해당 팀 내에서 선수 생활을 이어나가야 했죠. 저뿐만 아니라 가족들의 상처도 컸습니다. 소속팀에서 위로 차원에서 대학을 보내주겠다고 제안해서 대학을 다니기도 했어요. 제 장점이자 단점은 너무 잘 웃는 거예요. 좋아서도 웃지만, 좋지 않아도 티를 내지 않기 위해 웃곤 했죠. 자존심이 상하거나 힘들 때 속마음을 들키기 싫어 참았던 적이 많습니다.

그 시기를 이겨낼 수 있었던 방법은 무엇이었나요?

신앙, 부모님, 피아노 이 세 가지가 떠오르네요. 일기까지는 아니지만 생각을 메모하기도 하고, 하루하루 버티기 힘든 날들을 새벽기도를 열심히 다니면서 극복하려 했어요. 부모님의 믿음도 어려운 시기를 버티는 데 큰 힘이 되었죠. 어렸을 적부터 좋아했던 피아노를 숙소에 두고 훈련 후에 피아노를 치면서 스트레스도 풀고 마음을 다잡기도 했습니다. 지금 돌아보니 그 시절이 저를 단단하게 만들어준 값진 시간이더라고요. 6년이라는 긴 시간 동안 다른 선수에게 가려 빛을 보지 못하면서, 후보 선수를 비롯해 게임에 나가지 못 하는 선수들의 마음을 알게 되었죠. 현재 해설위원으로서도 그때 경험에서 배운 것이 큰 도움이 됩니다.

Question 다시 주전으로 뛰게 됐을 때 상황은 어땠나요?

힘들었던 프로 6년 차 시간이 지나고 주전 선배들이 은퇴한 첫해가 가장 힘들었던 기억이 납니다. 세터 포지션은 손 감각이 섬세해야 하는데, 6년 동안 안 하다 보니 경기 감각도 줄고 손이 많이 굳어버려서 새롭게 시작하는 기분이었어요. 언니들이 나가면서 제가 주장 역할을 하는 최고참 격이었기 때문에 부담도 많았죠. 프로에서는 실력으로 보여줘야 하는 데 그렇지 못한 것 같다고 느껴지는 시기였습니다. 주전으로 뛴 첫 해에는 성적도 안 나왔는데, '한 번 더 해보자'고 팀에서 저를 믿고 지지해 주었어요. 그다음 해부터 감각을 조금씩 되찾게 되면서, 리그 준우승까지 할 수 있었습니다.

선수 중에는 여자 경기를 치르기 전에 남자 경기가 있으면 구경하며 응원하는 선수들도 있습니다. 저는 경기를 위해서는 항상 차분해야 한다고 생각해서, 혼자 가만히 앉아서 음악을 듣거나 선수들과 이야기를 하는 편이었어요. 남자 경기를 보다 보면 흥미진진한 상황이 벌어지곤 하는데, 그때 같이 흥분을 하면 안 된다고 생각해서였죠. 경기 전뿐만 아니라 경기중일 때도 일부러 감정을 표출하지 않으려고 무던히 노력했습니다. 잘 웃지도 않고 평점심을 유지하려고 했었고, 이겼을 때도 흥분하거나 들뜨지 않으려고 했어요. 제 표정 하나하나가 팀 선수들에게 영향을 미칠 수도 있으니까요.

Question 가장 기억에 남는 경기는 언제인가요?

'인생 경기'라고 하면 런던올림픽 경기나 은퇴 전 경기 등 여러 경기가 떠오르지만, 그중에서도 FA* 첫해가 특히 기억에 남습니다. 팀 이적을 해서 우승하려고 노력을 했는데 연패해 정말 힘든 시기가 있었어요. 그때, 감독님께서 연습도 중요하지만 먼저 팀원들끼리 소통을 하라고 시간을 주셨어요. 하루 이틀 정도 훈련을 하지 않고, 선수들끼리 배구 이야기도 하고 개인적인 이야기도 하면서 공감하는 시간을 가졌습니다. 신기하게도 그 후부터 경기력이 서서히 좋아졌습니다. 서로를 이해하고 더 큰 믿음이 생기면서 팀워크와 경기력에 영향을 주었다고 생각해요. 결국, 플레이오프전에 3위로 올라가 대회 우승을 해서 그 기쁨이 몇 배가 되었습니다.

<잠깐! 'FA(Free Agent)'란 무엇인가요?>

프리에이전트, 즉 자유계약선수제도 하에서는 특정 팀과의 계약이 만료되는 선수는 자신을 원하는 여러 팀 가운데에서 선택하여 아무런 제약조건 없이 팀을 이적할 수 있다. 이와는 달리, 선수가 먼저 구단에 계약해지를 신청할 경우 발생하는 임의탈퇴선수는 자유계약선수와 달리 다른 구단과 자유롭게 계약할 권한이 없다.

출처: 두산 백과

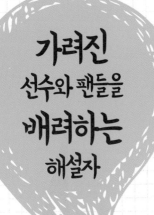

가려진
선수와 팬들을
배려하는
해설자

▶ 팬들이 이해하기 쉬운 중계가 최고

▶ KBS N Sports 채널 배구경기 중계 중

▶ 김연경 선수와 함께한 방송

Question 선수 은퇴 이후, 코치나 심판 등 많은 길 중에서
해설위원을 선택하게 된 이유가 있나요?

처음부터 경기 해설위원을 생각하고 있진 않았습니다. KBS스포츠 팀장님께서 은퇴 2년 전부터 꾸준히 "같이 일해 봐요"라고 이야기하셨고, 마지막 해에 아킬레스건 부상으로 경기를 못 뛰고 있었을 때도 해설위원을 하면 어떻겠냐고 제안하셨어요. 제가 선수 시절에 흥망성쇠를 모두 겪어보았기 때문에 더욱 눈여겨보신 것 같아요. 이후에 코치 등 여러 진로를 놓고 고민하다가 해설위원을 택하게 되었습니다.

우선, 결혼하고 나서 2세 계획이 있었어요. 코치를 하게 되면 선수들과 같이 합숙을 하고 선수 스케줄에 맞춰서 생활해야 하기 때문에 가정을 꾸려나가기가 힘들 수도 있겠다고 생각했습니다. 선수 시절에 휴가 후 다시 몸만들기가 무척이나 힘들다는 걸 알고 있기 때문에, 한 달 정도 주어지는 휴가를 한 번도 마음 놓고 푹 쉰 적이 없었던 것도 또 다른 이유였죠. 쉬면서도 늘 식단을 조절하고 웨이트 트레이닝을 하면서 체력과 몸무게를 조절하려고 노력해야 했기 때문에, 선수 은퇴 후에는 좀 더 자유로워지고 싶다는 생각이 있었거든요. 이런 점들을 고려해서 해설위원이 저와 잘 맞겠다고 결론지었습니다.

 **Question** 해설위원으로 변신한다고 했을 때,
주변의 반응은 어땠나요?

제 스타일이 기복이 심하지도 않고 차분한 성격이라 주위에서 걱정과 염려를 많이 했었어요. 하지만 첫 해설을 마치고는 '괜찮았다', '떨지 않고 말을 차분히 잘 하더라'라며 반응이 좋았습니다. 한 편에서는 '너무 조곤조곤 조용한 해설이라 피겨스케이팅 해설이 더 잘 어울리겠다'라고도 하셨지요.

현 직업에 대해 주변의 선수들 생각은
어떤지 궁금해요.

　예전에는 배구 중계가 많지 않아 해설위원에 대해 잘 몰랐을뿐더러, 대부분 해설위원은 경력과 나이가 많은 분들이 하셨기 때문에 선수들에게는 먼 직업으로 느껴졌어요. 그래서 선수들이 해설위원을 은퇴 후 진로로 생각하기 쉽지 않았던 것 같아요. 하지만 지금은 '해설을 해보고 싶다', '방송을 해보고 싶다'라고 이야기하는 선수들이 꽤 많아졌습니다.

　그와 더불어 주변 선수들이 저를 보면서 부럽다는 말을 자주 하더라고요. 쭉 엘리트 코스를 밟아 오면서 올림픽 대회도 출전하고 프로시절 우승도 했는데, 은퇴 후 해설위원까지 한다고 하니 부러움을 받는 것은 사실입니다. 하지만 프로리그에서 6년의 힘든 생활에 대해서는 잘 모르는 분들이 많죠. 그 과정 덕분에 지금 이 자리까지 올 수 있었다고 생각해서, '내가 최고야' 보다는 겸손한 마음으로 더 열심히 활동하고 있습니다.

Question 해설할 때 중요하게 여기는 원칙이 있나요?

　해설할 때 꼭 기억하고 지키려고 하는 게 있습니다. 경기에 자주 선발되지 못하는 후보 선수들이나 어린 선수들이 경기할 때, 한 마디라도 더 신경 써서 말하는 거예요. 예를 들어 "오늘 경기에서 이 선수가 보여준 플레이는 기본적인 플레이지만, 이 선수는 잠이 안 올 정도로 기분이 좋을 겁니다. 이 한 번의 플레이를 하기 위해서 선수들은 피나는 훈련을 합니다"라고 말이죠. 해당 선수가 자신의 플레이를 보기 위해 경기 영상을 찾아보기도 하고, 그 선수의 가족이나 지인들이 보기도 할 텐데, 이 한 마디가 선수들에게 동기부여가 될 수 있다고 생각하거든요.

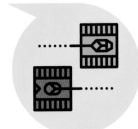

배구 해설을 하면서 뿌듯했던 적은 언제인가요?

예전엔 팬들이 공격수를 더 좋아하는 분위기였는데, 요즘에는 모든 포지션의 선수에 관심을 표현해주셔서 기분이 참 좋습니다. 리베로나 세터, 수비 전문 선수가 단순히 공격수를 받쳐주는 선수가 아닌, 배구 경기의 주체로 팬들에게 인식되어 뿌듯해요. 또, 늘 배구를 알기 쉽게 풀어 설명하려고 하는데, 어느 팬분이 "해설이 좋아서 배구에 빠지게 되었어요"라고 이야기해주시더라고요. 기분이 참 좋았고, 그래서 더 잘하려고 노력하고 있습니다.

Question 어려운 점은 무엇인지 궁금해요

저는 남들 앞에 나서기를 좋아하는 성격이 아닌데, 방송사에서 독특한 옷을 입어달라고 부탁하는 등 난감한 경우가 종종 있어요. 이전 해설위원들보다 제가 나이가 적다 보니 재미있게 방송을 하고 싶어서 그런 것 같아요.

Question 프로배구 시즌이 아닐 때는 어떤 활동을 하시나요?

비시즌일 땐 따로 출근하지 않는 대신, 감독님들께 직접 연락드리고 가서 연습 경기나 훈련을 구경합니다. 팀별, 선수별 파악이 필요하기 때문이에요. 그리고 프로배구 비시즌 때 국가대표 경기가 있기 때문에 진천선수촌에 들어가서 선수 파악과 함께 다음 시즌 준비를 합니다. 따로 급여가 있는 활동은 아니지만, 다음 시즌의 해설을 위해서 그리고 저를 위해서 준비하는 부분이죠.

Question 선수 출신이 아닌 학생들도 배구 해설위원이 될 수 있을까요?

현재 3개 스포츠 채널 외에도 중계권을 얻어 배구를 중계하려는 채널이 늘어나는 추세입니다. 따라서 해설위원이 더 많이 필요하고 해설 시장도 더 커지지 않을까 생각합니다. 당연히 해설하고 싶어하는 선수들이 많겠지만, 선수 출신이 아니더라도 배구를 정말 좋아하고 배구에 대해 전문 지식을 많이 가지고 있다면 충분히 가능하다고 생각해요. 지금도 타 방송사 축구 해설위원 중에는 선수 출신이 아닌 해설자나 캐스터가 더 인기를 많이 얻어 활동하는 걸 보면, 여러분들도 배구 또는 관심 있는 스포츠 종목에 대한 준비를 잘하면 되겠죠?

Question 해설위원 이후의 다른 직업도 준비하고 있나요?

일단 배구팀 메인 코치를 하기엔 체력적으로 힘든 부분이 많습니다. 더 나아가 감독을 하기 위해서는 코치를 거쳐야 하는데, 아직은 나이도 적을뿐더러 좀 더 전문적인 지식을 배워야 한다고 생각해서 아직은 고려하고 있지 않아요. 지금은 배구 해설을 하면서 가족을 위한 시간을 많이 보내고 아이를 위해 부모로서 잘 하려고 노력하고 싶어요. 하지만 배구 심판 자격을 취득하거나 세터 코치 혹은 유소년 배구 지도 등에 대해서는 고려하고 있답니다.

마지막으로, 스포츠전문가로서 바람이 있다면 무엇인가요?

제가 가장 잘 알고, 오랫동안 몸담았던 배구와 관련된 일을 계속하고 싶어요. '배구'라는 키워드 속에 '이숙자'가 남아있었으면 하는 바람입니다.

볼 보이로 자원봉사를 하던 중학생의 눈에 국제대회에서 자신의 나라 국기를 달고 땀 흘리며 뛰는 선수들의 모습은 참 멋졌다. 꼭 국가대표가 되어서 저 무대에서 뛰겠다는 꿈을 품었고, 그 꿈은 현실이 되었다. 응원하는 관중은 가족뿐인 비인기 종목의 설움에 그만두고 싶은 순간도 있었지만, 필드하키를 가슴에 품은 이들과 올림픽 은메달을 이루어냈다. 선수 시절 운동한 경험으로 일반 학생들에게 더 깊이있는 지식과 활동을 가르쳐주고 싶은 그는 이제 한 학교의 체육교사가 되었다. '오늘 걷지 않으면 내일 뛰어야 한다'는 말처럼, 오늘도 내가 있는 자리에서 학생과 호흡하며 최선을 다한다.

고등학교 체육교사
지성환

현) 양평 양동고등학교 체육교사
전) 필드하키 국가대표
전) 성남시청 실업팀 필드하키 선수

- 2004 제28회 아테네 올림픽 하키 국가대표
- 2002년 부산 아시안경기대회 금메달
- 2000 제27회 시드니 올림픽 하키 국가대표
- 1999 아시아컵 1위

스포츠전문가의 스케줄

지성환
체육교사의
하루

선수시절 일과입니다

23:00
▸ 세면 및 취침

06:30~07:30
▸ 기상 및 세면
07:30~08:30
▸ 아침식사

09:00~11:00
▸ 웨이트 트레이닝
11:30~12:30
▸ 점심식사

21:00~23:00
▸ 자유시간

17:30~18:30
▸ 저녁식사
19:00~21:00
▸ 전력분석 회의

13:00~17:00
▸ 기술훈련 및 전술훈련 / 인터벌 트레이닝

태극마크의
꿈을
품다

▶ 성남시청 하키선수단 시절

▶ 태극마크를 위한 땀방울

▶ 추억 속의 사진

필드하키라는 종목을 소개해 주세요.

필드하키는 영연방 스포츠*로써 영국에서 처음 시작된 구기종목입니다. 축구와 마찬가지로 한 팀에 11명 상대방 골대에 골을 넣는 영역형 스포츠예요. 공을 다룰 땐 스틱을 이용하지요. 예전에는 흙이나 천연잔디에서 시합을 많이 했는데, 21세기에 인조잔디가 보급되면서 요즘에는 인조잔디에서 경기합니다. 올림픽 정식 종목, 아시안게임 정식 종목 단체종목 경기이고요.

〈잠깐! '영국연방(Commonwealth of Nations, 영연방)'이란 무엇인가요?〉

영국연방(The Commonwealth)은 영국 본국과 구(舊)대영제국의 식민지국들로 구성된 자유로운 연합체이다. 현재 세계인구의 4분의 1에 해당하는 17억 인구를 가진 54개국이 회원국으로 가입해 있으나 이 중 16개국만 현재의 엘리자베스 2세 영국 여왕을 국가원수로 인정하고 있다. 32개국은 공화국, 6개국은 독자적으로 국왕을 추대하고 있다

출처: 시사상식사전

'영연방 경기대회'는 1930년 캐나다 해밀턴에서 제1회 대회가 개최되었으며, 이후 4년마다 올림픽 대회 중간 해에 개최한다. 처음에는 '엠파이어 게임(영제국 경기대회)'으로 시작하였으나, 제2차 세계대전 후 제5회 대회에서는 '엠파이어 앤드 코먼웰스 게임스(영제국 연방경기대회)'로 바뀌었다. 1970년 스코틀랜드의 에든버러에서 개최한 제9회 대회부터는 엠파이어를 빼고 코먼웰스 게임스(연방경기대회)라고 하였다. 제1회 때의 참가국은 11개국, 선수 인원은 500명에 미달하였고, 앵글로색슨계의 백인 대회였다. 1950~1960년대에 식민지가 독립하면서 가맹국도 점차 늘어났다. 종목은 육상경기·수영경기·권투·자전거경기·펜싱·사격경기·레슬링·역도·배드민턴·조정·카누 등이며, 선택은 개최국에서 결정한다. 영연방국가의 도시들에서 번갈아 개최한다.

출처: 두산백과

Question 어린 시절부터 운동선수가 꿈이었나요?

부모님께 물려받은 유전자 덕분인지, 초등학교 때부터 운동을 잘했습니다. 야구선수가 꿈이었는데 성남에는 야구팀이 없었기 때문에 담임선생님 권유로 육상부에 들어갔어요. 달리기 1등도 하고, 100m, 200m, 계주 선수로 활동하며 성남시 대회에서도 상을 많이 탔습니다. 어깨가 좋아서 던지는 필드 경기도 종종 참가해 두각을 나타냈죠. 당시 선생님이 아시안게임 육상 심판을 겸하고 계셨는데, 제가 체육을 워낙 좋아해서 예뻐하시기도 했고 '운동선수를 해보면 어떨까?'라는 권유도 해주셨어요.

Question 필드하키를 시작하게 된 계기가 궁금해요.

초등학교 육상 선수들은 육상을 통해 기초 체력을 준비한 상태로 다른 종목으로 진로를 선택하는 경우가 많았어요. 그 당시 성남은 육상, 필드하키, 럭비 3개 종목이 유명했습니다. 어느 날 중학교 체육 선생님께서 제게 필드하키를 해볼 생각이 없냐고 하셨어요. 그때 스카우트 제의를 받아 필드하키를 처음 접하게 되었습니다. 럭비보다는 필드하키가 더 재미있기도 했고요. 필드하키 선수로 장학금을 받고 중학교에 입학했어요.

Question 취미가 아닌, 필드하키 선수가 되겠다고 결심하게 된 계기가 있나요?

1986년, 중학교 1학년 때 성남 주 경기장에서 서울 아시안게임 시합이 있었습니다. 거기서 경기 중 공을 주워오는 볼 보이로 자원봉사를 하며 외국 국가대표 필드하키 선수들에게 매력을 느꼈어요. 1988년 서울 올림픽 때 자원봉사 활동을 할 때도, 네덜란드, 독일 등 세계 각국 선수들의 수준 높은 경기를 보고 반했습니다. '나도 꼭 국가대표가 되어서 저 무대에서 뛰어야겠다!'는 강한 울림이 있었어요. 또한, 성남 필드하키장이 우리나라 국가대표 선수들의 훈련 장소이기도 했기 때문에, 더욱 왼쪽 가슴에 태극마크를 달아봐야겠다는 목표가 생겼죠.

Question 진로를 선택하는데 부모님의 영향이 있었나요?

아버지가 스포츠를 굉장히 좋아하셨어요. 텔레비전도 항상 권투, 배구 등 스포츠 채널이 항상 고정되어 있었죠. 저도 자연스럽게 어릴 적부터 미디어에서 스포츠를 많이 접했어요. 그러다 보니 각 종목 운동 기능도 남들보다 빨리 흡수하는 장점이 생긴 것 같기도 해요. 필드하키 선수가 되겠다고 결심했을 때도 전혀 반대하진 않으셨습니다. 부모님들께서는 표현을 잘 하지 않는 성격이셔서, 묵묵히 바라봐 주셨어요. 제가 성장하는 모습을 보시면서 굉장히 뿌듯해 하셨을 겁니다.

학창시절은 어떻게 보내셨나요?

곁길로 새지 않고 학교생활, 집을 오가며 운동만 바라봤던 것 같아요. 아버지께서 시청 공무원이셨는데, 엄하고 철저한 집안 분위기에 다른 흥밋거리보다는 뭐든지 운동과 관련된 놀이나 게임을 했죠. 중학교 때 본격적으로 운동을 시작하면서는 고등학교와 대학교를 어디로 갈지, 졸업 후에는 무엇을 해야 할지에 대해 생각이 명확했습니다. 선수로서 국가대표로 뛰고 나서 체육 교사가 되겠다는 계획도 확실했죠. 그 꿈을 이루기 위해 절실하게, 하루하루 열심히 운동했습니다. 친구들과 즐거운 추억도 많이 쌓았고요. 모범 학생이었던 것 같아요. 하하.

 **처음 필드하키를 시작했을 때, 어떤 점이 어려웠나요?**

초등학교 시절 운동 성적도 좋고 나름대로 운동을 잘하는 줄 알았는데, 중학교에 올라가니 저보다 운동 기능이 뛰어난 학생이 많았어요. 특히 저는 지구력이 부족했어요. 지구력과 체력을 기르기 위해 집 근처 남한산성을 뛰어 오르내리며 부족한 부분을 채우려고 노력했습니다.

Question 대학 진학 시, 전공은 어떻게 선택하셨나요?

필드하키를 제일 잘하는 대학을 가고 싶었어요. 처음엔 선수 은퇴 후 체육교사가 되는 게 꿈이었기 때문에 사범대학을 최우선으로 생각했어요. 그런데 사범대학교를 나오더라도 임용고시를 봐야 하고 체육학과를 가더라도 교직 이수를 따로 해야 하는 과정 등이 있어서, 우선은 국가대표가 되기 위해 해당 종목에 가장 좋은 대학인 한국체육대학 체육학과에 진학했어요. 한국체육대학교는 대한민국 체육의 산증인들이 모여 같이 운동하고 졸업하는 학교입니다.

 **대학 생활은 어땠나요?**

운동선수이기 전에 한 명의 대학생으로 캠퍼스에 대한 로망도 있었지만, 국가대표 선수가 되기 위해서 운동에 집중하고 노력했어요. 보통 월요일부터 금요일까지 열심히 운동하고 토요일, 일요일은 친구들과 회포도 풀고 여행도 다녔습니다. 한국체육대학교는 25개의 비인기 종목의 선수가 있어서, 다른 종목의 친구들과도 많이 어울렸어요. 배드민턴 선수들과 배드민턴도 치고, 골프선수들과 골프도 쳤던 대학 생활이 큰 장점이었던 것 같습니다. 레슨을 받지 않아도 친구들과 운동을 틈틈이 한 덕분에 테니스, 배드민턴, 야구, 골프 같은 종목을 깊이 배울 수 있었죠. 일반 사람들이 5년 이상 레슨받은 수준은 되는 것 같아요.

Question 필드하키선수는 어떻게 훈련하나요?

필드하키는 주로 스틱을 활용해서 공을 다루는 운동이기 때문에 섬세한 운동 기술이 요구됩니다. 훈련은 기본기 훈련과 부분전술 훈련, 팀 전술 훈련, 체력 훈련 등으로 구분됩니다. 삼 분의 일은 체력 운동, 삼 분의 이는 개인기술과 단체기술 전술 훈련을 하는 편입니다. 체력 운동은 덩치가 큰 외국선수들과 대항해야 하므로 웨이트 트레이닝과 인터벌 트레이닝을 많이 했어요.

Question 운동을 쉬는 날에는 무엇을 하나요?

피로회복을 위해 완전한 휴식을 하고 싶죠. 쉬는 날 힐링을 하고 싶어도 운동만 해와서 어떻게 힐링을 해야 할지도 잘 몰랐습니다. 좋아하는 액션 영화도 보고, 친구들을 만나고, 음악도 들으며 무작정 편히 휴식하려고 했던 것 같아요.

〈잠깐! 알고 가자 필드하키!〉

필드하키는 11명이 인조잔디 위에서 즐기는 단체종목 스포츠에요. 우리나라에서는 필드하키가 비인기 종목이지만 해외에서는 매우 인기 있는 스포츠입니다. 경기규칙을 들여다보면 경기장 안에 그려진 반원 안에서 슛팅해야 합니다. 꼭 공격자 스틱에 맞아야 해요. 스틱으로 공을 치는 스포츠가 위험하다고 생각하시는데, 1년 정도만 필드하키를 즐기셔도 위험하다는 생각은 전혀 들지 않을 거예요. 예전에는 스틱을 너무 높이 들면 예전에는 반칙이었지만, 요새는 규칙이 변경되어 너무 위험하지만 않다면 계속 진행합니다. 필드하키는 남녀노소 즐길 수 있는 스포츠입니다. 한번 접해보면 빠져나오기 힘들 정도로 재미있을 거예요!

땀흘려
얻은
올림픽 은메달

▶ 제38회 전국 종별 하키선수권대회 우승

제 27시드니올림픽은메달리스트 2000.9.30.

▶ 시드니올림픽 은메달 기념 단체 사진

시드니 올림픽 은메달
환 하키 강건욱, 지성환 영

▶ 시드니올림픽 후 환영의 인사

Question 국가대표가 된 후 어떤 성과가 있었나요?

1998년 방콕아시안게임 이후 새롭게 조직 개편된 국가대표에 제가 들어갔는데, 1999년도부터 국제대회 성적이 굉장히 좋았습니다. 나가는 국제 대회 마다 입상을 했어요. 큰 대회만 말씀드리면 아시아컵에서 인도, 파키스탄을 제치고 우승했고, 시드니올림픽 전 전초전 국제대회에서 은메달에 입상했죠. 하키는 세계 6강이 모여 대회를 치르는 챔피언스컵도 있습니다. 1999년 호주 캔버라에서 열린 챔피언스컵에서도 준우승했어요. 2000년 시드니올림픽 은메달을 획득했고, 2002년 부산 아시안게임에서 금메달을 획득했습니다.

Question 대회에 나가기 위해 어떤 준비를 했나요?

국가대표 선수가 되고 태릉선수촌에 들어가면, 대회 전 약 8주가 남았을 때 6주는 체력운동 등 몸만들기 프로그램을 하게 됩니다. 가장 먼저 체육과학연구소에서 기초체력 측정을 한 뒤, 그에 맞는 체력운동을 하지요. 처음에는 지구력 운동을 해요. 매일 새벽마다 4km를 16분 30초 정도에 주파합니다. 오전에는 웨이트 트레이닝을 해요. 웨이트 트레이닝을 너무 많이 하면 스틱을 잡을 때 둔해진다는 이야기도 있었지만, 체육과학연구소에서 오전 웨이트 트레이닝 정도는 무리가 없다고 해서 하체와 복근 등 코어 운동 위주로 했습니다. 오후는 기술 운동에 들어가기 전에 인터벌 트레이닝을 해요. 운동할 때 피로 물질이 발생하는데, 그 젖산을 다시 에너지화 시키는 운동이죠. 죽을 만큼 힘들었지만 인터벌 트레이닝 후 기술 운동을 하면, 기술 운동하는데 체력이 저하된다는 생각이 들진 않았어요. 이렇게 6주 프로그램을 진행한 후, 나머지 2주 동안 부분 전술 및 세트 플레이 훈련에 들어갑니다. 태릉선수촌 8주 프로그램을 소화하면 마치 저 스스로 아이언맨과 슈퍼맨이 된 듯한 느낌이 들어요. 이렇게 시합을 나가면 지칠 줄 모르고 뛰게 되죠.

훈련과 시합으로 인해 육체적, 정신적 피로를 많이 느낄 거 같아요

물론 태릉선수촌에서 새벽 운동, 아침 식사, 오전 운동, 샤워, 오침, 점심 식사, 오후 운동, 샤워, 저녁 식사, 보강 운동, 샤워, 취침을 반복할 땐 운동하는 기계가 되는 것 같단 생각이 들기도 합니다. 아마 태릉선수촌 들어가 보시면 알 거예요, 하하. 국가대표 선수는 체력적으로 고된 것뿐만 아니라, 국가대표로 발탁되어도 무한 경쟁을 해야 하므로 정신적으로 힘든 점이 있어요. 동료선수 20명이 열심히 훈련하다가, 16명만 시합 엔트리에 들어가기 때문에 심적 고통을 느낍니다. 이러한 이유로 훈련을 소화하기 너무 힘들거나 부상을 입어 쉬고 싶어도 쉴 수가 없죠. 위염 등 스트레스 증상도 나타나고요. 부상입거나 아프면 치료하고 시합하면 되지만, 감독님과 코치님이 싫어할까 봐 마냥 참고 훈련했던 적도 있어요. 지금 생각하면 참으로 어리석은 생각이죠. 한편으로는 힘듦을 참고 견뎠기에 지금의 내가 있다고 생각합니다.

식단 관리도 필수인가요? 어떻게 식사하는지 궁금해요

필드하키는 체중조절을 심하게 하는 종목은 아니라서 먹는 데 스트레스를 많이 받지는 않아요. 하지만 체육과학연구소의 이명찬 박사님의 강의를 들으며 식이요법 식단조절 등으로 자기관리 정도는 스스로 합니다. 태릉선수촌의 음식은 상당히 맛있어요. 특급 호텔 주방장님들이 요리해주시고, 재료 역시 1등급 재료지요. 훈련이 너무 고되기 때문에 많은 양을 먹지 않으면 훈련을 소화하기 힘들어요. 영향학적으로 비타민, 단백질, 탄수화물 등을 균형적으로 섭취하고요.

Question 필드하키 선수라는 직업에 대한 인식은
어땠나요?

　우리나라에서는 축구, 야구, 농구, 배구, 골프 같은 프로 스포츠가 발달한 종목이 아닌 타 종목 선수들은 같은 입장에 있다고 생각해요. 필드하키가 비인기종목이다 보니, 피와 땀을 쏟으며 갈고닦은 실력으로 상대방과 겨루는데 경기장에는 관중도 없고 가족의 응원뿐입니다. 우리들만의 리그인 거죠. 그렇다고 해서 주변 사람들이 '뭐하러 필드하키를 하냐'며 비아냥거리거나, 저 스스로 필드하키라는 종목을 창피하게 여긴 적은 단 한 번도 없었습니다. 오히려 실업팀에 들어가고, 국가대표가 되어 필드하키 선수로 성장하는 모습을 많이 격려받았지요.

Question 첫 시합에 대한 이야기를 들려주세요

　국가대표가 되고 나서 첫 시합은 월드컵 예선전이었던 것으로 기억해요. 말레이시아에서 경기했는데, 굉장히 고온 다습한 환경이라 경기 시작 전부터 땀으로 온몸이 젖어있었죠. 한국은 보통 관중석이 텅텅 비어있는데 말레이시아는 필드하키가 대단히 인기가 많아서, 경기장에 도착했을 때 그 넓은 스탠드에 관중들이 꽉 차 있었어요. 그 광경이 황홀하기도 했지만, 긴장도 됐습니다.

그 당시 국가대표 막내여서 긴장한 상태로 '언제 필드에 나갈까?' 생각하며 벤치에서 대기하고 있는데, 감독님께서 갑자기 경기장으로 들어가라고 하시는 거예요. 들어가자마자 다리에 힘이 풀려 공도 쫓아다니지 못했어요. 이겨야 월드컵에 진출할 수 있는 중요한 경기였는데 결승전에서 제가 큰 실수를 했어요. 다른 포지션 친구에게 패스하다 상대방에게 인터셉트를 당해 패스미

스로 실점했습니다. 상대방에게는 아주 좋은 어시스트였죠. 경기에 지고 나서 선배들에게 많이 혼났던 기억이 나요. 첫 국제 시합이었는데 팀이 준우승에 그치고 마는 민폐였죠. 쥐구멍이 있으면 들어가고 싶은 심정이었습니다.

 **Question** 필드하키선수로서 자부심을 느낀 순간은 언제였나요?

1999년 아시아컵을 우승하고, 다른 여러 국제 대회도 우승 혹은 준우승을 차지했어요. 열악한 환경이었지만 올림픽에 출전해 좋은 성적을 달성하기도 했습니다. 그 당시 한국 필드하키를 연구하겠다며 체재비까지 무료로 지원해주며 각종 국제 대회에서 대한민국 필드하키 대표팀을 초청했습니다. 가장 자부심을 느꼈던 순간은 시드니 올림픽에서 은메달을 딴 후, 시상식 때 애국가가 흘러나오며 태극기가 게양될 때입니다. 다시 생각해도 너무 감격스럽고 울컥하는 심정이 듭니다.

 Question 가장 기억에 남는 경기는 언제인가요?

앞서 말씀드린 시드니 올림픽이에요. 당시 네덜란드와의 결승전은 당시 전 세계인에게 가장 기억에 남는 경기가 아닐까요? 후반전 종료 5분 전까지 대한민국 팀은 3대 1로 지고 있었어요. 5분만에 한 두 골이 날 수도 있지만, 올림픽 결승이라는 긴장되는 경기였고 모두가 힘들 거라며 포기한 경기였습니다. 그런데 5분 남

겨 놓은 시점에서 3대 3 동점을 만들어 연장전에 들어갔습니다. 연장전 전후반 15분씩 주어졌지만 두 팀 모두 득점하지 못했고 패널티스트로크(축구로 따지면 패널티킥!)까지 가는 접전이었습니다. 패널티스트로크에서 아깝게 5대 4로 져 은메달을 획득했어요. 대한민국 남자 필드 하키팀이 시드니 올림픽에서 은메달을 획득한 것은 모든 신문 스포츠 1면에 실릴 정도로 큰 사건이었습니다. 아무도 예상하지 못했던 일이었죠.

Question 경기를 하다 보면 아찔한 사고도 있을 것 같아요

국군체육부대 상무 시절 한국체육대학교와 상무와 연습경기에서 세트 플레이 상황이었습니다. 제 포지션이 골키퍼 바로 옆 골대 안에서 골키퍼와 협업하여 수비하는 위치였어요. 상대방이 슈팅한 볼이 제 얼굴 방향으로 잘못 날아왔습니다. 피한다고 피했지만, 당시에는 마스크가 없어서 입에 정확히 맞았어요. 모든 사람이 이가 다 부러지거나 머리에 큰 부상이 있을 것이라고 걱정을 했습니다. 필드하키엔 '잘못 슈팅한 볼이 더 빠르고 강하다'는 말도 있거든요. 천만 다행히 덧니가 행운을 가져왔습니다. 그동안 덧니 때문에 부모님을 원망했는데, 도드라진 덧니만 파절되고 얼굴은 크게 다치지 않았습니다. 하하.

Question 필드하키선수 생활에서 가장 어려운 점은 무엇인가요?

무관심입니다. 필드하키는 유럽이나 호주, 동남아시아 등에서 굉장히 인기가 많은 스포츠예요. 우리나라에서는 핸드볼만큼이나 성적을 많이 내는 종목임에도 불구하고 올림픽 시즌에만 반짝 주목받는 씁쓸한 종목이기도 합니다. 그래서 국내 훈련을 할 때는 훈련 조건도 굉장히 열악했어요. 장비도 국내에서 생산이 안 돼서 외국 수입품만 써야 했고요. 열악한 환경에서 태극마크만 생각하며 땀 흘려가며 갈고닦은 실력을 발휘하는 경기장에 관중이 가족뿐일 때는 정말 힘이 쭉 빠지곤 합니다. 이런 경기가 끝나고 다시 힘든 훈련을 하는 게 가장 어려웠죠. 지금은 그때 흘린 땀이 뿌듯한 기억으로 남아있지만, 무관심이 숨이 턱까지 차오르는 훈련을 그만두고 싶게 한 것도 사실입니다.

Question 더 훌륭한 필드하키 선수가 되기 위해
어떤 노력을 했는지 알려주세요

득점왕이 되기 위해 공이 안 보일 때까지 공 수백 개를 가져다 놓고 한 방향으로 슈팅 연습을 했습니다. 훈련 외적으로 혼자 나머지 공부를 한 거죠. 꿈과 목표가 있다면 당연히 남들보다 조금이라도 잠을 덜 자야 자신만의 기술이 될 수 있죠. 또, 좋은 선수가 되는 방법에 꼭 운동장에서 훈련하는 방법만 있는 건 아니에요. 저는 국가대표 선수 시절 비디오 녹화 테이프를 머리맡에 두고 살았습니다. 다른 선수들의 경기 테이프를 돌려보고 분석하며 상대 선수의 특유 버릇도 많이 연구했어요. 상대방의 움직임이나 기술에 미리 대비하고 수비할 수 있어서 도움이 많이 되

더라고요. 스트레칭과 유연성도 상당히 중요합니다. 힘들고 귀찮더라도 준비운동과 마무리 운동에 유연성 운동을 포함하는 것은 선수 생명을 더 오랫동안 지속할 수 있도록 해주는 아주 중요한 부분이라고 생각합니다.

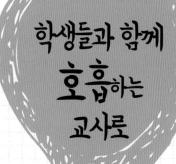

학생들과 함께
호흡하는
교사로

▶ 선수 시절의 나

▶ 책의 인터뷰를 마치고

Question 선수 은퇴 후 진로 결정이 궁금해요.

꿈이었던 국가대표로서 올림픽에 두 번이나 출전한 후, 선수 생활을 은퇴하고 제2의 인생을 위해 교사 준비를 했습니다. 어릴 적부터 생각해온 일이기 때문에 크게 진로 고민은 없었어요. 대부분 필드하키 선수들은 은퇴 후에 중고등학교, 대학교, 실업팀 등에서 지도자로 활동하거나, 청소년 국가대표 지도자를 하고 있습니다. 저 역시 지도자를 해 보고 싶은 마음도 있었지만, 운동하며 겪은 모든 경험으로 아이들에게 도움을 줄 수 있다는 확신이 있었어요. 체육교사가 되기 위해 여러 학교에 지원했고, 양평 양동고등학교 체육교사가 되었습니다.

Question 선수 생활과 교사 생활은 다를 텐데, 적응하기 어렵진 않았나요?

학교에 처음 교사로 왔을 땐 익숙하지 않은 행정 업무 등이 걱정되기도 했죠. 하지만 운동을 했던 만큼의 노력과 열정이 있다면 세상에 못 할 일이 없다고 생각했어요. 최선을 다하다 보니 교사로 근무하는 데 큰 어려움은 없습니다. 오히려 엘리트 출신 운동 경험을 바탕으로, 학교에서 체육을 좋아하는 학생들에게 깊이 있는 수업을 해줄 수 있어 장점이 됩니다.

Question 직업 때문에 결혼할 때 어려운 점이 있었나요?

저는 대학교 3학년 때 지금의 아내를 만나서 8년 연애하고 스물여덟 살에 결혼을 했어요. 결혼할 당시 성남시청 실업팀 하키 선수였는데, 장래가 보장되어 있지 않기 때문에 지금의 아내에게 결혼하자고 프러포즈 하기가 어려웠습니다. 운동선수의 최고 정점은 30대 중반 이전입니다. 그 이후 선수 생명이 끝나는 종목이 많아요. 자신감이 없었던 건 사실입니다. 결국, 올림픽 메달을 가지고 프러포즈하고 양가 부모님께 허락을 맡고 2001년에 결혼을 했죠.

Question 또 다른 목표가 있으신가요?

지금도 학생과 호흡하며 더 배워야 한다는 책임감이 있어서, 현재에 더 충실히 하려고 노력하고 있습니다. 지금에 충실해야 미래를 예상하고 계획할 수 있다고 생각해요. 하지만 기회가 왔을 때 준비되어있는 사람이 되려고 건강을 위해 노력하고 있어요. 제가 좋아하는 종목 말고도 많은 종목을 배우고 있고요.

교사 정년 퇴임 이후의 꿈이 있다면, 조그마한 유아 스포츠단을 만들어보고 싶어요. 요즘 아이들이 스포츠 활동을 할 수 있는 시간이 점점 줄어드는 게 우리 교육의 문제점이라고 생각해요. 자라나는 새싹들을 위해 건강 관리를 생활화하는 방법을 알려주고 싶어요. 또, 얼마 전 서울시에 체육박물관이 개장했는데, 기회가 주어진다면 그런 곳에서 필드하키 분야 스포츠 해설사도 해보고 싶네요.

Question 멘토가 있나요?

중고등학교 선배였던 성남시청 신석규 감독님입니다. 저와 포지션이 같았고 워낙 잘했던 선수였기 때문에 많이 배우기도 하고 따라 하기도 했죠. 두 번째로 시드니 올림픽 대한민국 필드하키 대표팀 김상열 감독님이에요. 지금은 여자대표팀 감독님이신데, 국가대표 프로그램과 시스템을 많이 바꿔놓으셨어요. 2002년 한일월드컵 축구대표팀 히딩크 감독님을 연상하게 만드는 감독님이에요. 감독님의 코칭 철학이 명확하고, 필드하키에 대한 열정과 노력을 본받아야 할 만큼 존경스러운 분이시죠.

Question 학생들에게 필드하키 선수라는 직업을 추천하시나요?

한국 사람들이 스틱으로 하는 운동을 잘 합니다. 그래서 우리 필드하키 선수들이 경쟁력도 있고요. 실업팀 선수도 은퇴 시기가 많이 늦춰졌고, 해외팀 선수나 지도자로 진출하기도 합니다. 저는 처음에 그저 운동이 좋아서 시작했고, 지역 특색 때문에 필드하키를 선택할 수밖에 없었지만 되돌아보니 필드하키가 정말 유익한 종목 같아요. 공을 다뤄야 하므로 민첩하게 움직여야 하고, 덕분에 복합적인 운동 기능이 향상되죠. 자세를 많이 낮춰야 해서 허벅지, 엉덩이, 허리까지 인체에서 가장 중요한 코어 단련도 됩니다. 엄격한 규칙이 있는 단체종목이다 보니 상대방을 배려하는 마음도 가질 수 있지요. 운동 선수가 되고 싶다면 필드하키에 도전해보세요. 정말 멋진 종목입니다.

Question 필드하키 선수가 되려면 무엇을 준비해야

하나요?

　요즘은 '플로어볼'이라는 신종 스포츠 종목을 하는 학생들이 필드하키로 진로를 선택하는 경우가 많습니다. 플로어볼은 하키를 변형한 운동인데요, 초중고등학교 스포츠로 확대되어 있어요. 여건이 된다면 플로어볼을 열심히 해서, 중학교 때 필드하키 선수를 시작하는 것도 괜찮다고 생각해요.

〈잠깐! '플로어볼(floorball)'이란 무엇인가요?〉

남녀노소 누구나 하키의 재미를 즐길 수 있도록 만든 스포츠 종목으로 하키 형식을 변형한 경기이다. 하키의 빠른 스피드와 박진감 넘치는 게임을 그대로 재현하였다. 1950년대 후반 미국의 어린이들이 가지고 놀던 장난감에서 유래되었으며, 점차 게임의 형태로 발전되어 미국과 캐나다를 비롯한 아이스하키를 즐기는 국가를 중심으로 보급되면서 시합의 형태를 갖추기 시작하였다.

두 팀 간의 시합 형태로 경기를 진행하여 상대팀보다 더 많은 골을 넣은 팀이 승리한다. 일반적으로 공간의 크기에 따라 5:5, 4:4, 3:3으로 인원수를 조정해서 즐길 수 있다. 정식 경기 시간은 3피리어드 20분씩, 두 번의 10분간의 휴식시간을 갖게 되며 각 피리어드가 끝나면 각 팀은 공격 진영을 바꿔야 한다. 일반 경기의 경우 전, 후반으로 나눠 각 15분, 20분씩 진행할 수가 있다. 경기 중 필드선수의 경우는 수시로 선수 교체가 가능하다. 격렬한 육체적 플레이인 보디 체킹(Body checking)이 절대로 허용되지 않으므로 어린이나 여성, 혼성팀의 경기가 가능하다. 경기 규칙을 어기는 선수에게는 2분간 경기에 참여할 수 없도록 패널티를 부과하는 강력한 제재를 한다.

출처: 스포츠 백과

운동선수는 어떤 마음가짐이 필요한가요?

　책임감입니다. 단체 종목은 팀을 이루어야 하므로, 자기 포지션의 역할에 대한 책임감이 꼭 있어야 합니다. 그 책임감을 갖고 시합이나 훈련에 임하다 보면 좋은 팀으로 성장합니다. 동료를 믿고 서로 도와주는 자세도 필요하지만, 자신과의 약속이 무척이나 중요해요.

 마지막으로, 필드하키 선수라는 직업을 한 마디로 표현해 주세요

　필드하키는 열정 그 자체입니다. 어려운 환경에도 굴하지 않고 애써주신 선수, 코치, 감독들의 열정이 없다면 지금의 대한민국 필드하키는 더 어려워졌을 것 같아요. 그분들의 열정으로 대한민국 필드하키는 전 세계 랭킹 5위에 올라 있습니다. 정말 자랑스럽게 생각합니다. 필드하키는 필드하키를 사랑하는 모든 사람의 열정입니다.

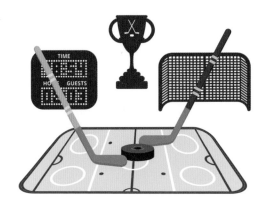

부모님을 따라 야구 경기장에 갔다. 한화이글스가 한국시리즈 우승하는 장면을 현장에서 두 눈으로 보며, 저 그라운드에서는 선수가 되겠다고 다짐했다. 넉넉하지 않은 형편이지만 최선을 다해 뒷바라지해주시는 부모님은 나약해질 때마다 따뜻한 채찍질이 되어 운동을 이어나가게 도와주었다. 프로에 지명되지 못하기도 하고, 2군에서 오랜 시간을 기다리는 동안 꿈을 놓지 않고 묵묵히 달려왔다. 1군에 데뷔해 15승 투수가 되어, 연말 KBO 시상식에서 신인상을 받기 까지 모든 순간이 가슴에 벅차다. 앞으로도 즐거운 마음으로 오래오래 사랑받는 야구선수로 남고 싶다는 소망을 품는다.

야구선수
신재영

현) 넥센 히어로즈 투수
전) NC 다이노스 선수
단국대학교

- 2010 제5회 세계대학야구선수권대회 국가대표
- 2009 제38회 야구월드컵 국가대표

스포츠전문가의 스케줄

신재영
야구선수의
하루

시즌 중 일과입니다

22:30~23:00
▸ 귀가
23:00~24:00
▸ 식사 및 세면
01:00
▸ 취침

11:00
▸ 기상
11:00~12:00
▸ 세면 및 식사

18:00~22:30
▸ 경기

12:00~13:00
▸ 야구장으로 이동
13:00~14:00
▸ 웨이트 트레이닝

16:00~18:00
▸ 간단한 식사 및 휴식

14:00~16:00
▸ 팀 단체훈련

저 그라운드에
선 **선수**가
될 거야!

▶ 꿈꿔왔던 그라운드에 서다

▶ 스스로 채찍질하며 끌어준 나의 경쟁심

▶ 우리는 한 팀!

Question 야구는 어떤 스포츠인가요?

야구는 미국·일본에서 가장 성행했고 지금은 한국에서도 프로 스포츠 중 가장 많은 팬을 보유한 인기 있는 구기 종목 가운데 하나입니다. 9회에 걸쳐 서로 공격과 수비를 번갈아 하고, 득점으로 승패를 겨루는 구기운동입니다. 공격 시에는 지명타자까지 10명이 그라운드에서 뛰고, 수비 시에는 외야 3명, 투포수 포함 내야 6명, 총 9명이 경기를 하게 되죠. 공격 측은 타순에 따라 상대 투수의 공을 치고 1, 2, 3루를 거쳐 본루로 돌아오면 1점을 얻습니다. 1루, 2루, 3루, 홈베이스의 4개 베이스를 사용하므로 '베이스볼(baseball)'이라고 합니다.

Question 어떻게 운동을 시작하게 됐나요?

어린 시절 매우 활발한 성격이었어요. 까불까불하며 돌아다니고, 집에 가만히 있지를 않았어요. 운동은 아버지의 권유로 초등학교 1학년 때 시작하게 됐습니다. 저는 공부를 좋아하는 학생은 아니었는데, 무엇이든 하나라도 잘 하는 게 있어야 한다고 생각했어요. 공부보단 운동이 적성에 맞는 것 같아 운동에 집중했습니다. 일찍 시작하다 보니 운동이 지루하게 느껴질 때도 있었지만, 잘 버텨서 지금까지 오게된 것 같아요.

Question 특별히 야구를 선택한 계기가 있나요?

야구라는 종목에 대해 잘 모르고 시작하게 되었습니다. 그냥 천방지축 뛰어놀기만 좋아하는 학생이었지 그때는 야구 규칙도 잘 모르는 학생이었죠. 초등학교 3학년 때, 가족과 야구장에 갔는데 1999년 한화이글스가 한국시리즈 우승을 하는 경기를 직접 눈으로 보았어요. 그 장면이 아직도 잊히지가 않습니다. 너무 멋있어서 그때부터 프로야구가 돼야겠다는 생각밖에 없었죠. 그런데 막상 시작하니 운동은 너무 힘들고 감독님과 선배들은 무서웠습니다. 그래도 야구가 너무 좋았고 즐거웠기 때문에 포기하지 않았어요. 야구장에 가면 항상 '저 그라운드에 선 선수가 되고 싶다'고 생각했죠.

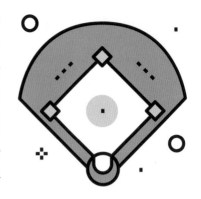

 **부모님께서는 진로 선택에 어떤 도움을 주셨나요?**

제가 야구를 처음 접한 것도, 본격적으로 야구를 시작할 수 있었던 것도 모두 부모님의 권유 덕분이었습니다. 항상 '할 수 있다'는 긍정적인 생각을 심어주셨고, 가정이 경제적으로 어려웠는데도 제가 운동에 집중할 수 있도록 뭐든 저부터 챙겨주셨어요. 운동을 시작하고 나서 제가 생각했던 것보다 돈이 많이 든다는 걸 알게 돼 야구가 싫었던 적도 있습니다. 부모님이 해주신 모든 지원이 감사하고 죄송해요. 맛있는 음식도 저부터 먹이시려 했던 모습도 생각납니다. 야구에 권태기가 올 때마다 부모님의 희생이 저를 채찍질했던 것 같아요. 지금 돌아보면 누나가 저보다 가족의 사랑을 못 받고 자랐다고 생각할 수도 있을 것 같아 미안한 생각이 들어요.

고등학교 시절에는 쉬는 날 종종 택배 아르바이트를 했었습니다. 당일로 일당이 지급되니, 아르바이트하고 번 돈을 일주일 동안 용돈으로 쓰곤 했습니다. 부모님께서 용돈을 주시기는 했지만 집안 형편이 넉넉지 않은 편이었고, 저 역시 용돈을 달라고 말하거나 조르는 성격이 아니어서 마음 편히 스스로 돈을 벌 수 있는 아르바이트를 하곤 했죠.

Question 어떤 준비를 하며 훈련했나요?

고등학교시절 새벽 2시 정도까지 매일 개인 운동을 했었습니다. 보통 야간 운동이 밤 10시 정도에 끝나면 휴식과 세면을 하고 11시 정도에 취침하는데, 11시 30분 정도에 다시 훈련장에 나와 개인 훈련을 했죠. 저는 포지션이 투수라 수건을 손가락에 끼고 훈련하는 섀도 피칭을 정말 많이 했던 기억이 납니다. 졸업하기 전까지 매일 개인 운동을 했기 때문에 몸에 밴 상태였어요. 아침 7시에 기상해야 하는 숙소 생활이 안 피곤하다면 거짓말입니다. 하지만 저는 타고나거나 뛰어난 선수가 아니라는 생각에 친구들 몰래 야간 개인 운동을 하려고 훈련장으로 나갔어요. 자신감이 없는 건 아니었는데 그렇게 할 수 있었던 이유는 경쟁심이 세서예요. 남들보다 앞서나가고 싶다면 다른 친구들이 공 하나 던질 때, 두 개 세 개를 던져야 한다고 생각했죠.

학창시절 운동하며 가장 힘들었던 적은 언제인가요?

일단 새벽 2시까지 혼자 훈련장에 남아 운동하고, 힘든 체력 훈련을 소화하는 것이 너무 힘들다고 생각했어요. 조금은 외롭기도 하고요. 고등학교 졸업 후 프로야구선수 지명을 받지 못하고, 야구를 계속하기 위해 프로구단이 아닌 대학으로 진로를 선택해야 하는 시기가 있었습니다. 중고등학교 시절보다 더 힘들었어요. 가족들의 기대에 부응하지 못했다는 자책도 있었고요. 야구를 포기하고 다른 진로를 고민하기도 했죠. 하지만 제가 가장 잘 하고, 가장 좋아하는 야구를 포기한다는 생각이 더 저를 힘들게 했습니다. 부모님께서는 별 말씀 없이 계속 지켜봐 주셨고, 저 스스로 다시 마음을 다잡고 야구 체육특기생으로 대학 생활을 시작했습니다. 계속 포기하지 않고 노력하는 모습이 빛을 보아 드디어 2011년 NC다이노스에 입단하며 프로야구선수 생활을 시작했습니다.

 대학교와 전공은 어떻게 선택하게 되었나요?

저는 교직을 이수할 수 있는 단국대학교 체육교육과를 졸업했습니다. 예전 체육 특기자 학생들은 자신이 관심 있고 좋아하는 전공을 선택해서 공부할 수 있었지만, 제가 대학에 입학할 때는 자신의 전공학과를 선택할 수 있는 것이 아니라 학교에서 체육 관련 전공으로 정해주었던 것으로 기억합니다.

대학 생활은 어땠나요?

관심 있는 분야의 대학 강의도 들어보고 친구들과 함께 MT도 가고 싶은 마음이 컸지만, 야구를 전공하는 체육 특기생 입장이다 보니 그런 활동은 거의 못 했어요. 주로 대학 전공 수업 후에는 야구장과 숙소 생활만을 했던 기억이 있어 아쉬움이 남는 것이 사실입니다. 그래도 친구들과 선배들이 간혹 다른 대학이나 다른 학과 여학생들과 미팅을 시켜주어 몇 번 해보았던 기억은 있습니다. 하하.

1군
선발까지
오랜 기다림

▶ 연말 KBO 시상식에서 받은 신인상

▶ 시상식에서

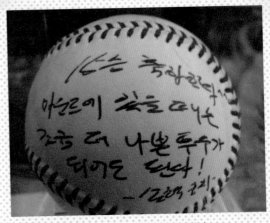

▶ 15승을 축하하며 코치님이 주신 응원의 메세지

NC다이노스에서 프로야구선수 생활을 시작 했을 때 이야기를 들려주세요.

대학교 4학년 때 지명을 받아 프로야구선수로 NC다이노스에 들어갔을 땐, 부모님이 아주 기뻐하는 모습을 보이시진 않으셨어요. '이제 본격적으로 시작'이라고 말씀하셨죠. 제가 지명받을 당시 지명 순위가 예상보다 낮아 앞으로의 프로 생활을 걱정하기도 하셨고, 혹시나 나태해질 것을 염려하셔서 그러셨던 것 같아요.

NC다이노스 입단 후, 프로만 가면 다 끝난 줄 알았던 제 생각이 아주 잘못된 생각이란 걸 깨달았습니다. 우리나라에서 야구를 제일 잘한다는 사람들이 프로야구 2군에 있었고, 그 동료들과 경쟁해서 1군에 올라가기 위해 애써야 했죠. 저는 1군에 못 올라가서 긴 시간 선발과 불펜*을 오가며 2군에 있어야 했습니다. 2군 생활은 정말 힘들었어요. 자주 주어지지 않는 기회가 찾아 왔을 때 그 기회를 확실히 잡아야 한다는 부담감과, 프로야구선수라고 떳떳히 주변에 말할수 없는 현실 때문이죠. 지금도 넥센 2군에는 선수들이 상당히 많은데 모든 선수가 피땀 흘리며 정말 힘들게 운동한다는 것을 잘 알고 있습니다. 지금 생각해보면 제 중고등학교 시절, 대학 시절, 2군 시절과 같이 그때그때 마다 시련이 찾아오는 것 같아요. 저는 그 고비마다 포기하지 않고 지금까지 잘 헤쳐 왔고, 앞으로도 힘든 상황이 오더라도 분명히 잘 이겨낼 것이라 믿습니다.

〈잠깐! '불펜(bull pen)'이란 무엇인가요?〉

야구에서 시합 중에 구원투수가 경기에 나가기 전에 경기장 한쪽에서 준비운동을 하는 곳으로, 투우장에서 투우가 드나드는 통로에서 비롯되었다고 한다. 또한 담배회사인 불 더햄(Bull Durham)의 광고판에서 유래됐다는 주장도 있다. 즉 20세기 초반 야구경기가 열린 미국 전역의 구장에는 요즈음처럼 각 회사들의 펜스 광고가 요란했는데, 주로 큰 소가 그려진 불 더햄사의 광고판 근처에서 릴리프 투수들이 준비운동을 했기 때문에 자연스럽게 이 용어가 생겨났다는 것이다.

투수 분업화가 정착됨에 따라 릴리프 투수들이 게임에 투입되기 전에 몸을 풀고 준비하는 장소라는 원론적인 의미는 더욱 확대되어, 선발을 제외한 릴리프 투수들을 일컬을 때도 이 용어가 쓰인다. 흔히 마운드 전력을 평가할 때 '불펜이 강하다'는 것은 바로 후자의 의미이다.

출처: 두산백과

첫 시합은 어땠는지 궁금해요

한화 이글스와 대전에서 1군 데뷔전 경기를 했습니다. 전날 잠도 푹 자고 아무렇지 않게 식사도 하고 전혀 떨지도 않으며 야구장으로 갔어요. 그런데 막상 시합에 나가서 마운드에 선발로 올라가니 제 두 다리가 붙어있는지도 모르겠고, 응원하러 오신 부모님이 보이지도 않고, 관중들도 소리만 들리고 전혀 안보였어요. 너무 떨렸습니다. 하지만 이 대회에 KBO 기록에 남는 사건도 있었습니다. 제가 첫 1군 데뷔 무대에서 프로야구 역대 세 번째로 무사사구 승리투수가 되었거든요!

4년간 2군에 머물러 있다가 2016년 1군에 데뷔해서 15승 투수가 되어, 연말 KBO 시상식에서 신인상을 받았습니다. 그동안 고생한 부모님들께 보답 드리는 마음으로 일부러 부모님을 시상식에 초대도 했어요. 지금까지 제 인생에서는 가장 큰 성과라고 생각합니다.

선수 생활을 하며 가슴 아팠던 일은 없었나요?

2군에 있는 동안, 부모님께서 아들이 프로야구선수가 됐는데 주변 분들에게 말씀 못 하시는 것을 보았어요. 2군에 있다 보니 누구라고 말을 해도 사람들은 몰라서 조금은 창피하셨을 거라 생각해요. 그리고 프로야구에 데뷔했던 그 경기에서 외할머니께서 돌아가셨습니다. 경기 후 바로 병원으로 갔는데 임종을 못 뵙고 보내드린 것이 지금도 마음이 편하지 않아요.

야구선수는 구체적으로 어떻게 훈련 하나요?

야구는 한 시즌에 6~7개월 동안 월요일 하루를 제외하고 매일 매일 경기를 하며 144경기를 치릅니다. 장기적인 레이스를 달리기 위해서는 동계 스프링캠프에서 어떻게 운동하느냐가 매우 중요한 훈련입니다. 스프링캠프에서는 심하다 싶을 정도의 강도 높은 러닝과 웨이트 등 각종 훈련 프로그램으로 훈련이 진행됩니다. 하지만 경기 시즌에 들어가면 좀 더 가벼운 웨이트나 러닝으로 경기를 준비합니다.

144경기를 치르기 위해서는 대부분 선수가 자신만의 루틴으로 경기를 준비합니다. 포지션마다, 개인마다 훈련하는 방식이 다 다릅니다. 저는 요즘 러닝을 하거나 순발력 운동, 웨이트 운동에 중점을 두고 있습니다. 중학교 2학년까지는 웨이트가 많이 필요 없다고 생각하지만, 중학교 3학년 때부터는 몸의 골격이나 근력이 한창 성장하는 시기라 웨이트를 병행하면 야구를 하는 데 많은 도움이 될 거 같아요. 저희는 보통 인터벌이나 콘을 놓고 왕복 운동을 하거나 순환 운동, 순발력 운동 등 다양한 운동 프로그램을 하는데, 야구는 좌우 중 한쪽을 위주로 쓰는 운동이기 때문에 밸런스를 잡아줄 수 있는 반대쪽 근육 웨이트 운동을 꾸준하게 하는 것이 중요합니다. 근육이 운동감을 잊지 않게 하기 위해서죠. 그리고 일어나는 시간이나 식사 시간, 야구장으로 이동하는 시간까지 한 시즌 내내 똑같은 일상을 보냅니다. 오후 6시 경기가 있다면 오전 11시 기상으로 12시경 식사를 하고 오후 1시까지 경기장에 도착해 웨이트와 러닝을 시작하고 기본적인 시합준비에 들어갑니다.

 **야구선수로서 필요한 능력에 도움이 되었던 활동이 있다면 무엇인가요?**

어렸을 때부터 기본적으로 달리기를 좋아했었던 게 자연스럽게 하체 운동에 도움이 되었고, 투수로서 기능적인 부분이 성장하는데도 많은 도움이 되었어요. 또 프로야구 경기를 TV로 보면서, 좋아하는 프로선수들의 좋은 플레이 장면을 흉내 내며 따라 했던 기억이 납니다. 여러 지도자나 선배들도 야구 잘하는 선수의 것을 카피해서 내 것으로 만든다면 야구를 잘 할 수 있다는 이야기를 하곤 하는데, 좋은 동작이나 경기 장면들을 따라 하려고 했던 것 또한 도움이 됐었던 것 같아요.

기억에 남는 사건이나 사고가 있나요?

저는 특별한 사건 사고가 있지는 않은데, 굳이 꼽자면 작년 2016년 시즌 중 롯데 자이언츠와의 경기에서 저의 빈볼로 인한 벤치클리어링*이 있습니다. 야구라는 종목이 팀 운동이다 보니 팀 동료들이 본의 아니게 위험에 처하거나 상대 팀의 고의성이 짙은 행동이 있을 경우엔 벤치클리어링이 일어나곤 합니다. 물론 야구를 사랑해 주시는 팬들 앞에서 해서는 안 될 일이지만 동료 선수들끼리 팀워크나 팀의 사기를 위해 종종 일어나는 편이에요.

> 〈잠깐! '벤치클리어링(bench-clearing)'이란 무엇인가요?〉
>
> 야구나 하이스하키처럼 선수들이 벤치나 덕아웃에서 대기하며 경기를 펼치는 스포츠 종목의 경기 도중 빈볼이나 위협구, 욕설 등으로 인해 싸움이 벌어졌을 때, 양팀 선수들이 모두 벤치를 박차고 나가 싸움에 동참하는 단체 행동을 일컫는 말이다. 벤치(bench)를 깨끗하게 비운다(clearing)는 의미에서 붙여진 이름이다. 싸움을 부추기는 이미지가 강하지만, 실제 현장에서는 싸움을 말리는 성격을 갖는다고 한다. 또한 팀의 응집력을 높이고 상대팀에게 단합과 위세를 과시하기 위해 계획적으로 벤치클리어링을 시도하는 경우도 있다.
> 벤치클리어링은 팀 내의 동료를 보호하고 단합을 더욱 단단히 도모하는 의미를 지니고 있다. 이에 특히 메이저리그에서는 벤치클리어링에 가담하지 않는 선수들을 이기적인 선수라고 생각하고, 때로는 자체적으로 벌금을 물리기도 한다.
>
> 출처: 두산백과

 경기하면서 쾌감을 느낄 때는 언제인가요?

프로 경기에 섰을 때 야구를 좋아하는 많은 팬 앞에서 경기하고 동료들이 끝내기 안타를 치거나 제가 잘 던져 이겼을 때 세레모니를 하곤 합니다. 아마추어나 2군 생활 때는 못 느껴봤는데,

세레모니를 할 때 그동안 인생에서 느껴보지 못했던 그 쾌감과 희열을 느꼈어요. 이 희열을 맛보기 위해 프로야구선수를 꿈꾸는 모든 사람이 야구를 포기하지 않고 끝까지 한다고 생각해요.

 **운동을 쉬는 날에는 무엇을 하나요?**

쉬는 날에 영화 보는 걸 좋아해요. 집 밖으로 나가는 것을 별로 좋아하지 않아서이기도 하고요. 남자들끼리 영화관에 잘 안 가니까 자연스레 집에서 영화를 보게 되더라고요. 스릴러, 멜로 등 장르를 가리지 않고 봐요. 집에서 불 꺼놓고 영화 보는 것을 좋아해서 아침에도 일찍 일어나는 휴일도 많습니다. 운동으로 스트레스를 받을 땐 맛집을 찾아 많이 다녀요. 여자 친구가 있는 선수들은 여자 친구와 데이트를 하며 스트레스를 풀겠지만, 저 같은 솔로들은 맛있는 음식을 먹으면 기분도 좋아지고 스트레스도 해소되는 것 같아요. 하하.

 직업에 대한 주변 사람들의 인식은 어떤가요?

야구가 나름대로 인기 있는 스포츠이기 때문에 부러워하시는 분들도 많이 있었고, 어떤 분들은 선수 생명이 길지 않다며 걱정하는 분들도 계셨습니다. 하지만 저는 야구선수라는 직업에 대해 항상 자부심을 느끼며, 누구를 만나서도 재미있는 스포츠라고 말씀드리는 편입니다.

오래,
즐겁게
야구하는 선수로
남기를

▶ 경기장에서 동료선수와 함께

▶ 승부는 이곳에서!

▶ 인터뷰를 위해 찾아간 학교

Question 더 나은 선수가 되기 위해 하는 노력이 있다면 소개해주세요

아직은 야구선수로서 자리를 확실히 잡는 게 제 목표이기 때문에 매 경기마다 코치님의 지도를 수첩에 적는 편입니다. 이렇게 적어놓으면, 슬럼프가 왔을 때 그동안 메모했던 것들을 읽으며 문제점을 보완할 수 있거든요. 마음도 편해지고요.

야구는 프로 1군 선수가 돼도 배울 것이 너무 많은 것 같아요. 제가 가지고 있는 볼 종류는 슬라이더, 직구, 체인지업 정도로 몇 가지 되지 않습니다. 야구를 오래 하기 위해서는 포크볼이나 체인지업 같은 볼 종류를 연마해야 할 것 같아요.

야구 외적으로는 인터뷰하거나 팬들과 소통하려면 대화의 기술이 어느 정도 필요하다고 생각해 책도 많이 읽고 있습니다. 팬들이 책 선물도 많이 해주시는데, 다 읽은 책들이 한 권 한 권 늘어날 때마다 뿌듯해하고 있어요.

Question 야구선수로서 향후 목표는 무엇인가요?

야구를 오래오래 하고 싶어요. 프로야구선수들은 연봉으로 실력이 판가름나다 보니, 이적해서 많은 연봉을 받는 것이 목표인 선수들도 있지만 저는 재미있게, 꾸준히 야구할 수 있었으면 좋겠습니다. 또, 초등학교 시절 한화 이글스가 한국시리즈 우승하는 장면을 눈으로 직접 봤던 기억이 너무 강렬해서, 이번 KBO 한국시리즈 우승은 넥센 팀에서 꼭 한번 해보고 싶어요.

Question 야구선수라는 직업에 대해 보람과 자부심을 느낄 때는 언제인가요?

프로야구선수가 되고 나서, 프로야구선수를 꿈꾸고 있는 친구들이나 후배들에게 상담자 역할로 도움을 줄 때 보람을 느낍니다. 야구를 좋아하는 학생들을 도울 수 있을 때도 자부심을 느껴요. 누군가를 도울 수 있는 자리에 있다는 게 행복해요!

또, 기사에 났던 이야기도 있는데요. 정규시합이나 시범경기가 끝나고 경기장 밖으로 나가면 팬분들이 선수들을 만나기 위해 많이 서 계세요. 그런데 제 별명은 하이패스였어요. 아무도 저를 불러주거나 잡지 않으셨거든요. 버스를 탈 때 저는 너무 쉽게 그냥 통과했죠. 그러던 어느 날, 꼬마 팬들이 저를 둘러싸고 사인해 달라고 하는데 너무 기분이 좋고, 아이들이 귀엽더라고요. 이런 상황은 제가 열심히 하고 있다는 증거이고, 앞으로도 좋은 경기를 보여줘야겠다는 의지이기도 합니다.

Question 힘들 때 도움을 얻는 멘토가 있나요?

지금 넥센 코치님이 저랑 같은 사이드암 투수이셔요. 제가 힘들 때 많은 조언을 해주시고 자세 수정 등 세세한 부분도 많이 도와주세요. 선수 중에는 저랑 친구인 서건창 선수가 있어요. 처음에는 그 선수와 많이 어색했는데, 라커룸도 바로 옆이다 보니 친해지게 되었죠. 어려울 때 1군에서 많은 경기를 뛰었던 서건창 선수가 도움 될 만한 이야기를 많이 해 주었어요.

 **좌우명이 있다면 무엇인가요?**

포스트 시즌 때 많이 긴장했는데 지금의 투수 코치님이 마운드에 올라와 '망설이지 말어!'라는 말을 자주 해주셨어요. 제 모자 안쪽에도 '망설이지 말자!'라는 글귀가 쓰여 있어요. 망설이는 순간 저 스스로 아무것도 할 수 없게 되어 기회가 아예 사라질 수 있다고 생각해요. 늘 망설이지 말자는 말을 마음에 담아두고 있습니다.

 **야구선수에 대한 편견이나 오해에 대해 어떻게 생각하나요?**

야구선수들이 '놀 때 너무 심하게 논다', '이성에게 관심이 많다'는 말을 종종 들어요. 공인이 아닌 일반인들도 성격이 다양하듯이, 야구선수들도 바른 행동을 하지 않는 몇몇 특정 선수들 때문에 대중들이 '운동선수들 전체가 그렇구나'라고 일반화되는 경우가 있는 것 같아요. 오해하지 말아 주세요! 착하고 어리숙한 운동선수들이 더 많거든요.

 **야구선수라는 직업을 추천하시나요?**

야구선수가 꿈이라면 응원해주겠지만, 추천까지는 어려울 것 같아요. 단순히 멋있어 보인다거나, 공부가 싫어서 운동해야겠다고 생각하면 추천하고 싶지 않습니다. 운동선수가 되는 힘든 과정을 겪어왔고, 너무 잘 알고 있기 때문에 제가 자녀가 있다면 야구를 시키진 않을 거거든요.

야구뿐만 아니라 어떤 운동이든지 프로선수가 되는 과정은 경쟁이 매우 심하고, 힘든 과정을 거친답니다. 하지만 정말 야구를 사랑하고 열심히 할 준비가 되어있다면 도전해보세요!

Question 야구선수 이후 다른 꿈이 있으신가요?

선수 은퇴를 한다면, 어린 선수들을 육성하는 지도자가 되고 싶어요. 아이들을 너무 좋아하기 때문이죠. 그 때를 위해서라도 현재 야구선수로서 많이 배우려고 열심히 노력하고 있습니다.

Question 야구선수가 되기 위해 준비하는 학생들에게

따뜻한 조언 부탁드려요

운동을 즐겁게 해야 해요. 억지로 운동하고 있다면 다시 한번 진로에 대해 고민해보아야 합니다. 자신의 마음가짐 또한 중요합니다. 흔히 야구를 '멘탈 게임'이라고 합니다. 평소에 아무리 훌륭한 공을 가진 뛰어난 선수라도, 마운드에 올라가 불리한 상황에 놓이게 되면 위축될 수가 있어요. 그러면 자신이 가지고 있는 능력을 모두 발휘해 좋은 공을 던질 수 없습니다. 불리한 상황을 게임 일부로 받아들이고 즐기는 게 이기는 방법이에요. 지더라도 지나고 나서 돌아보면 재미있는 게임이었던 적이 많습니다. 경쟁이나 시합에서 '내가 과연 할 수 있을까?'라는 물음에 스스로 '난 할 수 있다'라고 대답할 수 있어야 해요. 저도 운동을 하면서 일단 과감히 도전하고, 목표한 성과를 이루지 못해도 웃으며 넘어갈 줄 아는 성격으로 바뀌었답니다.

그리고 야구는 몸 전체를 쓰는 운동이라서 사전 준비운동이 가장 중요합니다. 워밍업을 충분히 하지 않으면 크게 다칠 수 있으니 운동 전 꼭 몸을 풀어주는 걸 잊지 마세요!

'피구왕 통키'처럼 멋지게 피구를 하고 싶다는 꿈은, 우연히 TV에서 농구선수 마이클 조던을 보고 나서 바뀌게 된다. 농구가 없다면 인생이 무의미할 만큼, 밥 먹을 때도 학교에 갈 때도 농구공을 들고 다녔다. 어딜 가도 공 하나만 있으면 다른 사람들과도 친해질 수 있는 농구는 소통의 도구였다. 길거리 농구를 즐기고, 스포츠미디어 회사에서 일도 하다가 더 즐겁게 살기 위해 창업했다. 농구를 배우기 시작한 아이들에게 관중과 즐겁게 소통하는 법을 가르쳐 주고, 프로선수 외에 다른 길도 있다는 걸 보여주고자 '스킬트레인'을 열었다. 책임감 그 이상의 자부심을 가지고 농구의 발전을 위해서 일한다는 그는 이제 세계 최고의 에이전시를 꿈꾼다.

스킬트레이너
안희욱

현) 스킬트레인 대표
전) 스포츠 미디어 회사 근무
전) 힙후퍼(hiphooper)
동아대학교 사회체육학 학사

스포츠전문가의 스케줄

안희욱
스킬트레이너의
하루

22:00~23:00
▸ 세면 및 취침

09:00
▸ 기상

19:00~21:00
▸ 귀가 및 저녁 식사
21:00~22:00
▸ 트레이닝 자료 공부,
   훈련 프로그램 만들기

09:00~10:00
▸ 세면 및 식사
10:00~11:00
▸ 독서

15:00~17:00
▸ 선수들과 개별 트레이닝
17:00~19:00
▸ 훈련 영상 편집

11:00~14:00
▸ 트레이닝 자료 공부, 훈련 프로그램
   만들기
14:00~15:00
▸ 준비 및 훈련장으로 이동

농구는
내
운명

▶ 내겐 삶의 의미 그 자체인 농구

▶ 당당한 스킬트레인 대표로.

Question 어떻게 농구에 관심을 두게 됐나요?

어렸을 때 제 꿈은 '피구왕 통키'였어요. 피구를 잘 하는 사람이 최고로 인기가 많았던 시절이었거든요. 그러다 우연히 TV에서 농구선수 마이클 조던을 보고, 꿈이 농구선수로 바뀌었죠. 요즘엔 온라인을 통해서 새로운 인연을 만들지만, 그때는 농구를 통해서 많은 사람을 사귈 수 있었어요. 어디를 가도 공 하나만 있으면 금방 친해졌거든요. 농구가 소통의 도구였죠. 초등학교 3학

년 때 대학생 형들과 어울려 농구를 하고 싶었는데 형들은 저를 게임에 끼워주지 않았어요. 자신을 이기면 함께 해도 좋다는 조건을 내거는 대학생 형들의 마음에 들기 위해 매일매일 드리블 연습을 했습니다.

Question 얼마나 농구를 좋아했나요?

밥 먹을 때도, 영화보러 갈 때도 항상 농구공을 들고 다녔어요. 심지어 수능시험 보는 날까지도요. 클린샷(Clean shot, 백 보드를 이용하지 않고 하는 슛)을 넣으면 시험을 잘 볼 것 같다는 믿음으로, 시험 전날에도 농구를 했죠. 농구는 제게 종교와도 같았어요. 하루는 매일 농구공을 들고 다니는 저를 보며 친구 부모님께서 저희 부모님께 '아들 공부 못하지?'라고 하시는 얘기를 들었어요. 그 얘기를 듣고 '아! 내가 하고 싶은 걸 당당하게 하려면 공부도 잘 해야 하는구나'라는 생각이 들어서, 부모님이 좋지 않은 이야기를 듣지 않으시도록 공부도 열심히 했어요. 공부를 못하면 학교에 공을 들고 갈 수도 없어서 항상 반에서 3등 안에 들 정도로 공부도 열심히 했답니다.

Question 다른 분야의 장래희망도 있었나요?

한때 그림 그리는 걸 좋아해서 화가가 되고 싶었어요. 미술학원에도 다녔는데 그때 얻은 미적 감각이 아직도 도움이 됩니다. 집 인테리어 공사를 하다가 남은 나무 발판에 그림을 그려서 벽에 한 번 걸어봤는데 어머니가 좋아하시더라고요. 벽도 검은색과 흰색 페인트를 사서 색을 만들어 제가 직접 칠했고요. 한때의 꿈이었더라도, 어렸을 때 해던 모든 일이 연결되어 지금의 결과를 만들어간다고 생각해요.

Question 왜 농구선수가 되지 않고 다른 길을 선택했는지 궁금해요

열 살에 농구를 시작한 후, 어릴 적부터 농구와 관련된 일도 하게 됐어요. 중학교 3학년 때 나이키와 같이 일하면서 이벤트, 프로모션 등을 함께 했습니다. 대학 진학 시 전공을 선택할 때도 농구와 스포츠에 대해서 배울 수 있는 학과를 선택했죠. 그런데 저는 농구가 좋았던 것이지, 농구선수가 되고 싶진 않았습니다. 그저 농구를 즐기고 싶었어요. 선수로 스카우트 제의를 받기도 했지만 거절했습니다. 제가 생각하는 직업군을 만들고 싶었어요.

Question 길거리 농구를 하며 가장 기억에 남는 순간은 언제인가요?

당대 최고의 농구 스타였던 문경은, 이상민 감독님과 1:1 대결을 했을 때가 가장 기억에 남아

요. 2000년대 길거리 농구 열풍이 불던 시절, KBL(한국프로농구)에서 길거리 농구를 활성화하려고 전국적으로 대회를 열던 시기였죠. 각 지역에서 예선을 치른 후 최고의 팀들이 서울에 올라와 올림픽 공원에서 결승전 대결을 펼치는 이벤트였어요. 저는 당시 나이키 소속이어서 지역팀으로 출전하진 못했지만, 나이키에서 대표로 출전할 수 있도록 기회를 주어 창원LG 소속으로 대회에 나갈 수 있었죠. 첫날은 비가 너무 많이 와서 졌어요. 저는 비가 오면 드리블을 잘할 수가 없었거든요. 그런데 이상민 선수의 선배인 KCC 관계자분이 점심시간에 1:1 대결을 해보면 재밌겠다고 말씀하신 게 계기가 되어 1:1 깜짝 이벤트가 열리게 됐습니다. 제겐 영광스러운 기회였어요. 당시 문경은, 이상민 선수는 농구계의 슈퍼스타였고, 제 우상이기도 했거든요. '할 수 있는 건 다 해봐야지'란 생각으로 모든 걸 쏟아부어 열심히 했죠. 물론 그분들은 이겨도 본전이라 열심히 하지 않고 즐기셨지만요. 하하. 급작스럽게 진행된 이벤트였지만 사람들이 몰려들었고, 그때 찍힌 영상을 통해 제 인지도도 올라가게 됐어요.

Question 농구와 관련된 일, 그 첫 번째 시작은 무엇이었나요?

스킬트레이너였습니다. 선수들의 개인훈련을 담당하는 스킬트레이너는 선수에게 필요한 기술 등을 체계적이고 과학적으로 분석, 전수하는 일을 해요. 제가 스킬트레이너로서 일을 시작하게 된 건, 농구 국가대표출신 한 분으로부터 자신의 자녀에게 드리블 기술만 가르쳐달라는 제안을 받고서였습니다. 드리블만큼은 자신이 있었기 때문에 제안에 응하게 되었어요. 트레이닝을 시작하기 전에 자료를 찾던 중 NBA(미국 농구 협회)에는 이미 '스킬트레이닝'이라는 분야가 있다는 것을 알게 되었죠. 그래서 대학을 다니던 중에 국가지원프로그램 '청년창업 1000'을 신청했습니다. 정부에서 창업 지원 자금 약 8,000만 원과 전문가의 도움을 받아 스킬트레이너로서 창업을 할 수 있었죠. 하지만 직원 없이 혼자 운영하던 회사는 입대를 하게 되면서 그만둘 수밖에 없었습니다. 군 전역 후 대학을 졸업한 뒤 2년 정도 스포츠미디어 회사에서 일했죠.

Question 회사원 생활을 하다가 다시 꿈을 떠올리게 된 계기가 있나요?

한창 직장생활을 하며 반복적인 업무에 지루함을 느낄 무렵, 친했던 형의 소개로 '킹콩'이라는 래퍼를 만나게 됐어요. 10년 가까이 긴 무명시절을 지내면서도 즐겁게 일과 음악을 하는 모습을 보며 저도 즐겁게 살아야겠다고 생각했죠. 그를 만나고 집에 돌아와 바로 메모지에 '힙후퍼* 안희욱'이라고 써서 책상 한쪽 눈에 잘 띄는 곳에 붙였습니다.

> 〈잠깐! '힙후퍼(hiphooper)'란 무엇인가요?〉
>
> 힙후퍼란 'hiphop'과 'hopper'를 합친 말로, 힙합 음악을 틀어 놓고 자유롭게 길거리 농구를 하는 일에 열중하는 무리, 또는 그런 사람을 뜻한다.

Question 새로운 회사를 만들어가는 과정은 어땠는지 궁금합니다.

'힙후퍼'라는 직업이 우리나라엔 없었어요. 길거리 농구를 통해서 이벤트도 하고, 농구를 활용한 기업 프로모션을 하는 일을 직업으로 삼으려고 했지만, 그것도 여의치 않았죠. 일주일 정도 고민하다가 스포츠에이전트 회사를 찾아다녔습니다. 그러다가 우지원 선수 에이전트 회사를 들어가서 창직인턴생활을 3개월 정도 하던 중에 우연한 계기로 창직 서바이벌 TV 프로그램에 나가게 됐습니다. 그 프로그램에 참여하면서 4개월 동안 창업에 관련된 트레이닝을 받을 수 있었어요. 창업 자금이 부족해서 어머니가 해주신 조언에 따라 적금도 들고, 2년 동안 다른 직장생활을 하며 기초 자금도 마련했죠. 인테리어, 전기 공사, 마감 공사를 직접 발품 팔아 해서 지금의 '스킬트레인' 공간을 만들게 되었어요. 자금을 마련하고, 자료를 모으며 차근차근 창업을 준비하는 데 3년이 걸렸네요.

▶ 손에서 놓을 수 없는 농구

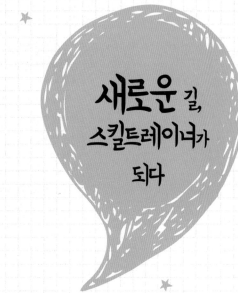
새로운 길,
스킬트레이너가
되다

▶ 스킬트레인에서 훈련받는 선수들

▶ 스킬트레인에서 훈련받는 선수들

▶ 스킬트레인에서 훈련받는 선수들

스킬트레인을 어떻게 운영하고 있나요?

스킬트레이닝에는 드리블만 있는 건 아니에요. 슈팅, 전술 및 전략 등 다양한 기술을 함께 훈련하는데 그중에서 드리블을 집중적으로 트레이닝시켜주죠. 스킬트레이닝을 하러 오는 선수들이 자신의 기록에 도전하고 좋은 결과를 낼 수 있도록 돕고 있습니다. 저는 어느 정도 실력을 갖춘 엘리트를 대상으로 트레이닝하고 있어요. 한 달 수강료가 5만 원인 다른 곳과 비교하면, 저는 그 10배인 50만 원을 받습니다. 그만큼 책임감을 느끼고 아이들의 능력이 향상되도록 최선을 다해요. 3주 정도 가르쳐보고 자신의 실력을 넘어서지 못하는 아이들의 경우는 안타깝지만 전액 환급해주고 돌려보냅니다.

스킬트레이닝을 하시는 이유가 궁금해요

농구를 배우기 시작한 아이들이 관중에게 즐거움을 주는 방법을 알려주고 싶어요. NBA(미국프로농구) 선수들은 길거리 행사에 나가면 너나 할 것 없이 즐깁니다. 화려한 드리블을 등 다양한 볼거리를 선사하죠. 하지만 우리나라 선수들은 그런 행사가 있으면 바보가 돼요. 승리를 위한 점수는 잘 내지만 쇼맨십을 보여줄 것이 별로 없기 때문이죠. 농구를 즐기는 팬이 없다면 아무리 많이 승리하더라도 농구의 재미와 인기는 떨어질 거예요. 그래서 가끔 학생들을 데리고 길거리 농구에 참가합니다. 즐거운지 창피한지 아이들에게 물어보죠.

스킬트레이너라는 직업을 선택한 데에는 농구에 대한 애정 외에도 또 다른 이유가 있어요. 프로농구선수가 되기 위해서는 드래프트*에서 지명을 받아야 하는데, 한 해 2,500명의 선수가 등록하지만 지명받는 선수는 많아야 30명 정도예요. 프로선수가 되는 길은 바늘구멍만큼이나 좁아요. 지명을 받은 선수들은 웃으며 사진을 찍지만, 지명받지 못한 선수들은 부모님께 울면서 전화를 하죠. 20년 동안 해온 농구를 단 하루 만에 그만두게 될 수도 있는 날입니다. 군대에 가야 하거나 운동을 포기하는 경우가 많지요. 'O'에서 다시 시작해야 하는 겁니다. 외국에서는 일찍부터 진로를 정해 운동을 하더라도 정규 수업을 들어야 해서 하루에 두 시간 반 정도 훈련하지만, 우리나라 선수들은 운동에만 집중하기 때문에 프로 구단에서 지명을 받지 못하면 다른 길을 찾기가 상대적으로 어려운 게 현실이에요. 그런 선수들이 스킬트레이너라는 직업으로 전문성을 발휘할 수 있도록 준비하는 데 도움이 되고 싶어요.

〈잠깐! '드래프트(Draft)'란 무엇인가요?〉

프로 스포츠 리그에서 각 팀이 뽑고 싶은 신인 선수를 지명하는 것을 말한다. 1939년 미국 미식축구 리그(NFL)에서 처음 도입한 이후 미국, 한국, 일본 등의 다양한 국가(유럽 제외)의 프로 경기에 확산됐다. 전년도 시즌에 성적이 낮았던 팀에 선수 선택권을 먼저 주거나 팀별로 돌아가면서 선수를 지명하는 방식으로 이뤄진다. 드래프트는 모든 팀의 전력 평준화를 유도, 높은 계약금을 제시하는 팀에 선수가 몰리는 것을 방지하고 팀 간의 분쟁을 줄이는 것을 목표로 한다. 한국에서는 프로야구(KBO), 프로농구(KBL), 프로배구(V 리그), 프로바둑 등에서 실시하고 있다.

출처: 시사상식사전

 Question 스킬트레이너의 하루는 어떤가요?

스킬트레이닝 훈련은 2주에 한 번씩 진행합니다. 먼저 선수들과 훈련 스케줄을 정합니다. 트레이닝은 하루에 두 명 이상 넘지 않도록 합니다. 되도록 하루 한 명에 맞는 프로그램으로 훈련하죠. 선수들이 경기가 있는 날이면, 경기장에 함께 가서 영상을 촬영합니다. 주요 부분을 편집해서 훈련프로그램을 만드는데, 그 점이 저희 프로그램의 차별점이에요. 선수들과 훈련하는 시간 외엔 외국 트레이닝 자료를 보며 공부하기도 합니다. 좋은 콘텐츠가 많이 있어서 우리 선수들에게 어떻게 접목할지 연구하고 프로그램을 만들어요.

이전에 스포츠 미디어 회사에 다녔던 경험이 지금 하는 일 에 도움이 되나요?

네, 크게 도움이 됩니다. 지금 그때 배웠던 것을 활용해 직접 촬영하고 편집하고 있어요. 제작 한 영상을 올려서 농구 콘텐츠화하는 작업을 하죠. 스포츠와 미디어가 만나면 그 파급력이 향상 되기 마련입니다. 우리나라는 거의 스포츠 하이라이트 영상만 있고 특정한 선수의 영상이 따로 있진 않거든요. 외국의 경우 각 선수의 영상을 높은 퀄리티로 제작해 콘텐츠화합니다. 저도 지 금 트레이닝하는 선수들의 영상을 뮤직비디오처럼 만들고 있어요.

맡고 계신 선수들에 대해 자랑을 부탁드려도될까요?

우리 크루는 총 58명입니다. 초등학생부터 프로 선 수까지 다양해요. 모두 각자 팀에서 중심을 맡는 선수 로 성장했답니다. 각종 대회에서 좋은 성적을 거두는 것은 물론, 올해 WKBL(여자프로농구) 신인 드래프트에서 는 제자 4명 모두가 프로팀의 지명을 받았습니다. 정 말 기쁜 날이었죠. 또, 몇 년 전 스킬트레이닝 했던 친 구들이 지금은 NBA아카데미에도 들어갔습니다! 무 척 신나는 소식이에요.

중요한 경기가 있는 날이었는데, 팀이 힘든 상황에서 한 선수가 부담감을 많이 느꼈는지 긴장하고 기절을 했습니다. 응급실까지 갔는데, 병원에 찾아가서 그 선수와 얘기를 많이 나누었어요. 그리고 나서 다음 날, 그 선수가 45득점을 하고 경기에서 이겼습니다. 하하.

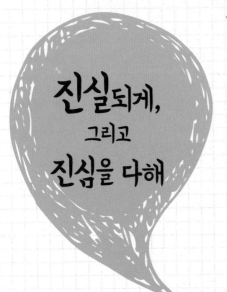

진실되게,
그리고
진심을 다해

▶ 훈련 후 제작하는 영상

▶ 스트릿볼 서바이벌 TV 프로그램 출연

▶ 세계 최고의 에이전시를 꿈꾸며

마음가짐이죠. 스킬트레이닝을 받으러 오는 아이들은 학교에서 훈련을 마친 후에 또 훈련하러 오는 것이기 때문에 그 마음가짐이 남다르다고 생각합니다. 항상 아이들이 현재 무엇을 하고 있는지 깨닫게 해주려고 노력하고 있어요. '네가 지금 여기서 훈련을 하고 있을 때 다른 선수들은 뭘 하고 있니?'라고 아이들에게 물어보면, '쉬거나 놀고 있겠죠'라고 대답합니다. '그럼 넌 지금 뭘 하고 있어?'라고 되물어보면, 아이들은 그제야 자신이 특별한 무언가를 하고 있다고 깨달아요. 그래서 이 일이 재밌고 즐겁습니다.

어떤 부모님은 아이가 즐겁게 놀고 오기를 바라는 마음으로 농구 교실에 보냅니다. 그런데 프로선수들과 함께 운동하다 보면 서로 동기부여가 안되죠. 선수들은 치열한 경쟁을 하며 최고의 선수가 되기 위해 노력하는데, 그저 재밌게 운동을 하기 위해 온 아이들은 잘 따라오지 않아 갈수록 수업의 질이 낮아져요. 최고의 노력을 다하는 마음가짐을 가진 친구들을 위해서 돌려보낼수밖에 없습니다. 그런 상황에 아이들은 긴장하고 부모님들은 당황스러하지만, 나중에는 오히려 고맙다고 전화해 주시더라고요.

Question 앞으로의 목표는 무엇인가요?

스킬트레인은 세계 최고의 에이전시를 꿈꾸고 있습니다. 스킬트레인이 이번에 에이전트 아카데미에 들어가게 되었어요. 앞으로 5개월 정도 프로스포츠 협회에서 진행합니다. 스킬트레인의 목표 중 하나가 에이전트이기 때문에 열심히 준비하고 있어요. 이 과정이 끝나고 프로스포츠 협회에 등록이 되면, 목표하던 에이전시로서의 행보를 계속해나갈 거예요. 그 에이전시에서 제게 트레이닝 받은 우리나라 선수들이 NBA에서 화려한 플레이를 하며 멋진 경기를 펼치는 것을 보면서 함께 세레머니를 하는 것이 제 꿈이에요. 제가 가르친 학생이 세계 최고의 무대에서 선다면 그것만큼 큰 기쁨이 있을까요?

Question 목표에 다가가기 위해 어떻게 자기계발을 하고 있나요?

공부를 열심히 합니다. 책과 다큐멘터리도 많이 보고요. 개인적으로 이병철, 정주영 회장의 자서전을 여러 번 읽으면서 회사 경영에 대해 생각합니다. 무인양품이나 애플 등과 관련한 책도 보면서 브랜드 벤치마킹을 하기도 하죠.

Question 스킬트레이닝 시장이 뻗어 나가기 위해서
사회적으로 어떤 노력이 필요할까요?

관련 전담 기구가 설치되어야 해요. 스킬트레이닝은 좁은 시장에서 서로 경쟁만 하는 시스템이 되어서는 안 됩니다. 스킬트레이닝 분야를 전담할 수 있는 기구가 창설되면 더욱 체계적으로 성장할 수 있을 거예요.

'진실 되자, 그리고 진심을 다하자'예요. 힙후퍼란 트렌드를 만들었지만 유행으로 끝났어요. 하지만 스킬트레이닝은 그렇지 않을 거예요. 스킬트레이너라는 직업에 대해 책임감 그 이상의 자부심이 있어요. 저는 스킬트레이닝만을 위해서 이 일을 하지는 않고 있어요. 농구의 발전을 위해서 일하죠. 목숨 걸고 하고 있습니다.

Question 스킬트레이닝을 꿈꾸는 청소년들에게 한마디 부탁드립니다.

스킬트레이닝에 관심 있는 많은 친구들이 지금도 페이스북 메시지 등으로 연락을 보내옵니다. 본인이 좋아한다면 어떤 일이든 제한은 없다고 생각해요. 다만, 진출하고자 하는 분야의 전략을 잘 짜야 합니다. 전략 없이는 금방 벽에 부딪힐 수 있거든요. 간절함이 있다면 끊임없는 고민과 지속적인 열정으로 그 벽을 넘을 수 있을 거예요. 그리고 창업을 꿈꾸는 후배들이 많은 고민을 안고 있을 텐데, 우선 실행해보세요. 할까 말까 고민이 될 때는 해야하거든요. 실행은 정말 중요합니다!

스포츠선수에게
청소년들이 묻다

청소년들이 스포츠선수에게
직접 물어보는 11가지 질문

운동선수들은 쉬는 시간에 뭘 하나요?

잘 쉬고 몸 상태를 회복합니다. 보통 운동선수라면 하루 24시간 동안 엄청 많은 시간을 훈련하는 데 쏟을 거로 생각하는데요, 물론 동계 훈련 기간에는 훈련 횟수와 그 양이 많지만 경기 시즌 중에는 그렇지 않은 편입니다. 지친 몸과 정신을 잘 회복해야만 다음 경기를 잘 소화할 수가 있죠. 공부를 아무리 열심히 하더라도 시험 점수가 잘 나오지 않으면 실력을 입증하기가 어렵듯이, 선수들은 경기에서 그 결과를 보여줘야 합니다. 훈련을 아무리 열심히 하더라도 경기 결과가 나쁘면 몸 관리가 소홀했다는 생각이 들 수밖에 없어요.

기술이 부족한 것 같아 조바심이 나요.

기본기가 탄탄하면 실력이 자연스럽게 올라가고, 기술도 는다고 생각합니다. 예를 들어, 김연경 선수는 공격도 최고지만 기본기인 수비도 엄청 잘하기 때문에 세계 최고의 선수가 됐다고 생각해요. 하지만 학교는 경기 성적이 중요하니 기본기보다는 기술을 많이 가르치고, 선수들 부모님께서도 다른 포지션보다는 가장 주목받는 공격수로 키우고 싶어 하시는 경향이 있습니다. 그러다 보니 프로에 올라오는 선수들이 기본기가 탄탄한 선수를 찾기도 힘들고, 특정 포지션이 없어지는 거예요. 학교에서는 성적 위주의 훈련보다 배구를 재미있게 할 수 있는 환경을 만들어 주어, 선수들이 단단한 기본기를 바탕으로 운동을 즐기면서 오랫동안 하고 싶다는 생각을 가질 수 있다면 좋겠습니다.

운동선수도 영어를 잘하면 도움이 되나요?

물론입니다. 외국어를 능수능란하게 하면 너무 좋지요. 국제 대회에서 다른 외국 선수들과 소통할 수도 있고요. 저는 영어 회화를 잘 하지 못해서 답답한 적이 많았습니다. 심판한테 항의해야 하는데 항의를 못하는 거예요. 감독님한테 '이런 상황에는 어떻게 말합니까?' 하고 질문도 많이 했던 것 같아요. 하지만 못한다고 해서 기죽을 필요도 없습니다. 언어는 말뿐만 아니라 바디 랭귀지도 있잖아요. 표정이나 눈빛, 제스처로 많이 대화했던 것 같아요.

월드컵처럼 큰 무대에 설 때
마인드 컨트롤하는 방법이 있나요?

너무 잘하려고 하면 안 돼요. 잘 하려는 부담을 가지면 몸이 경직되고, 머릿속으로 생각했던 게 발현되지 않습니다. 평소 하던 대로만 하면 70~100%의 실력을 발휘할 수 있는데, 잘하려고만 욕심내면 70% 할 것도 40%밖에 안 나오죠. 저도 승부차기 땐 당연히 공을 막기 위해 마음의 준비를 하지만, 일단 공이 움직이면 그 순간은 자신을 믿고 일단 몸을 띄웁니다. 게임에 승리해야겠다는 생각은 중요하지만 내가 제어할 수 없는 많은 부분에 대해서는 마음을 내려놓고, 내가 할 수 있는 부분에 최선을 다하는 자세가 중요해요.

부상 때문에 계속 운동을 해야 하는지 고민 중이에요.
실력이 부족한 것 같아 걱정도 됩니다.
선수로 운동을 계속하는 게 맞을까요?

후배 선수들에게 많이 들었던 질문입니다. 먼저 결론은 '네가 하고 싶은 것을 해라'라고 답하고 싶습니다. 본인이 하는 운동 종목에 대해 큰 열정이 있고, 무척이나 하고 싶다면 지금의 어려움을 참고 나아가야 해요. 하지만 꿈이 없는데 마냥 참고 견딘다는 건 참 힘들거든요. 냉철하게 대답한다면, 꿈과 희망이 없다면 다른 차선책을 준비해 도전하는 것도 좋은 방법입니다.

운동선수에 대한 오해와 현실이 궁금해요.

'수업은 둘째고 운동이 우선이다'라며, 운동선수는 지식이 부족하다는 오해가 있지요. 사실 저도 학창시절에 공부를 많이 접하지 못한 건 사실입니다. 하지만 공부를 한 일반 친구들보다 지식은 부족하더라도 더 중요한 정신력을 배웠다고 생각해요. 운동에 대한 지식도 전문 지식이고요. 또한, 그렇게 오해하시는 분들의 인식에 갇히지 말고, 자존심 세우기보단 모르는 것은 인정하고 물어보고 내 것으로 만들면 좋을 것 같아요. 더 현명하고 단단한 자신이 되도록요.

자신이 선택한 길에서 전문성을 쌓기 위해
어떤 노력을 해야 할까요?

전문가를 많이 만나보세요. 그 분야 전문가의 글을 읽거나, 강연을 찾아보기도 하고, 직접 만나러 가는 것도 좋죠. 그렇게 얻은 정보와 깨달음을 잘 연결해서 자신의 길을 만들어 가는 것이 중요해요.

운동선수이기 때문에 결혼하거나 가정을
꾸릴 때 어려운 점도 있나요?

원정경기를 많이 다니면 집을 수시로 비우게 되기 때문에 가족과 떨어져 지내는 점이 어려울 수 있을 것 같습니다. 하지만 주변 선후배 중 결혼할 때 이 점이 특별히 문제가 되거나 제약이 되는 경우는 보지 못했어요.

비인기종목은 진로 결정이 어렵지 않나요?

필드하키는 비인기종목이다보니 실업팀 선수를 그만둔 후, 다른 인기 스포츠와 비교하면 진로에 대해 불확실성이 있는 게 사실입니다. 그러나 자신이 어떻게 하느냐에 따라 진로가 결정된다고 생각해요. 인기 종목의 스포츠라고 해서 진로나 직업 선택을 잘 하는 것도 아니니까요.

승부욕이 너무 강해서 힘들어요.
어떻게 해야 할까요?

　패배를 딱 인정하고 승복할 줄 알아야 합니다. 자기 실수는 인정해야 하고, 승자의 어깨를 두드려 줄 수 있어야 올바른 승부욕이에요. 밟혔다면 다음에 밟아줘야지, 티를 내고 흔들릴 필요가 없어요. 우리가 많은 시험을 보지만, 그건 인생 전체에서 수많은 시험 중 하나일 뿐입니다. 한 번 시험을 잘 못 봤다고 해서 인생 전체를 실패하는 건 아니잖아요. 지나간 시험에 얽매여 스트레스를 받으면 다음 시험에 부정적인 영향을 끼칠 뿐이죠. 부족했던 부분을 분석하고, 자기의 생각과 해석을 더해서 보완하면 됩니다. 그리고 다음 시험을 잘 보면 돼요! 지나간 시간은 잡아당긴다고 해서 돌아오지 않아요. 대신 앞으로 다가올 기회는 잡을 수 있죠.

대중들의 사랑을 받는 운동선수의 경우
운동만큼 자기관리를 해야 한다고 들었어요.

　야구는 한국에서 가장 인기 있는 종목 중 하나이고, 많은 팬분들이 좋아해 주시기 때문에 다른 비인기종목보다 프로운동선수로서 만족감이 높은 직업입니다. 하지만 그에 따른 책임감도 느낍니다. 나름 공인이다 보니 행동이나 언행의 제약이 많아요. 사소한 것 하나하나 프로선수로서 스스로 통제하고 관리해야 합니다. 그래야 팬들에게 오래 사랑받으면서 즐겁게 경기할 수 있겠죠.

CHAPTER

| 3 |

예비 스포츠선수 아카데미

체육관련 학과 및 졸업 후 진로

학과별 교육 내용과 졸업 후 진로

학과	관련 교육 내용	졸업 후 진로
체육학과	체육의 이론 및 실제에 관한 연구 및 중·고등학교 체육교사 양성을 목적으로 한다. 이에 체육을 고수하는 데 필요로 하는 이론 지식과 이에 병행하는 운동 기술의 습득을 위한 교과 내용을 배우게 된다.	체육관련 기관, 코치, 중/고등학교 체육교사, 체육협회, 체육 시설관리공단
사회체육학과	사회체육학과는 국민의 생활체육을 이끌어 갈 유능한 사회체육지도자 양성을 위해 기존의 여러 스포츠 신종 레포츠에 관한 체계적인 이론 및 실기교육을 배우게 된다.	사회체육지도자, 체력관리사, 트레이너, 스포츠 심판, 스포츠마케팅, 운동처방사, 스포츠경영인
체육교육학과	체육의 이론 및 실제에 관한 연구와 중등학교 체육교사 양성을 목적으로 한다. 체육교육학과는 체육을 가르치는데 필요한 이론적 지식과 운동기능 습득에 필요한 교과 과정을 운영하여 체육교사 양성은 물론 생활체육 지도자나 경기지도자 및 전문적인 체육학자를 양성하는 역할을 한다.	중·고등학교 교사, 대학원 진학, 대학교수, 체육 전문인
스포츠경영학과	스포츠 관련 산업은 전 세계적으로 급성장하는 산업으로 빠르게 자리를 잡아가고 있다. 경제성장과 여가생활에 대한 사람들의 관심이 높아지면서 스포츠, 피트니스센터, 스포츠 레저클럽, 관람 스포츠의 수요가 급증하여 스포츠 산업이 정치, 경제, 사회 문화적으로 점점 더 큰 비중을 차지하는 산업으로 발전하고 있다. 스포츠 경영학은 스포츠 산업의 경영 활동을 연구하는 학문으로서 스포츠 산업에 종사할 전문 경영인을 양성한다.	스포츠센터 운영, 인사, 조직, 마케팅, 스포츠관련 시설물을 기획하고 운영하는 경영지도자, 스포츠관련 공공기관, 체육행정단체, 스포츠지도사, 스포츠 산업분야, 스포츠의료센터, 스포츠제품 판매업, 스포츠서비스업 및 이벤트

특수체육학과	장애인에게 신체활동을 통하여 개인의 능력과 잠재력을 개발함으로써 정상적인 생활을 할 수 있도록 지원하는 지도자 양성을 목적으로 한다. 장애인들에게 행동의 원천인 정서의 안정을 돕고, 신체 각 부분을 재활시켜 체력을 강화하는 한편 장애인들에게 생리적, 심리적, 사회적인 부분 전반적으로 지도해 나갈 수 있는 전문 교육인력을 양성한다.	장애인의 특수교육기관, 장애인 재활교육 기관, 전문체육인, 일반 사회 복지시설의 전문 체육인
경호학과	현재 국내에 급증하고 있는 경호, 경비업무 분야의 학문으로 경호, 경비에 관한 체계적인 이론과 능력을 갖춘 전문인 양성의 필요성이 제기되고 있다. 경호학과에서는 경호 관련 데이터베이스 관리, 분석능력과 시설 및 개인 신변보호능력을 지닌 전문 인력양성에 교육 목표를 두고 이에 필요한 개인방어 기술 및 지식습득과 소양교육 그리고 안전 및 시설관리 능력 배양에 관한 전반적인 교육을 하고 있다.	경호경비업무 관리 및 지도자, 응급구조 담당 안전관리사, 경비업체 창업, 경호 및 구조관련 정보관리 시스템 통제 업무, 경호업무
스포츠레저학과	경제적 사회적 발전으로 인한 인간의 건강에 대한 중요성이 강조되면서 레저스포츠에 대한 관심이 증대되어 이에 레저스포츠 지도자를 육성하는 데 목적을 두고 설립된 학과이다.	레저스포츠지도자 및 경영자, 레저스포츠시설 관리자, 레저이벤트 지도자, 스포츠마케팅분야, 스포츠용품업체, 유아체육지도자 및 경영자
스포츠과학 / 의학학과	스포츠 과학에 근거하여 생리학, 역학, 해부학의 기초의학을 접목해서 운동능력의 증대와 건강유지, 재활운동을 담당하는 전문가를 양성하는 학과이다.	병원 건강 증진센터, 운동처방실, 건강증진센터, 재활트레이너, 체육연구원

체육관련 학과 졸업 후 지원할 수 있는 스포츠 기업 및 스포츠마케팅 대행사

업체명	업체명
씨이엔커뮤니케이션즈	요넥스코리아
쿼드스포츠앤라이프스타일	키카
브리온컴퍼니	K2코리아
포르투나2002	낫소
퍼슨즈	비바스포츠
갤럭시아에스엠	혼마골프
올댓스포츠	블랙야크
스포티즌	조이포스
에프에스엔엘	휠라코리아
아이스팟커뮤니케이션	아식스코리아
세마스포츠마케팅그룹	카포코리아
윌링투	삼천리자전거
미즈노	스포츠토토
아디다스	푸마코리아
골프존	볼빅
데상트코리아	네파
알톤스포츠	화승그룹
SPOTV	KAPPA

체육관련 학과 졸업 후 지원할 수 있는 스포츠공공기관

분류	협회 및 기관명
협회	대한축구협회
	대한농구협회
	대한야구협회
	대한배구협회
	대한빙상경기연맹
	한국여자축구연맹
	대한태권도 협회
	대한아이스하키협회
	한국여자프로골프협회
	한국프로골프협회
	한국프로스포츠협회
	대한체육회
공공기업	문화체육관광부
	국민체육진흥공단
	한국스포츠개발원
	한국마사회
	대한장애인올림픽조직
	서울특별시체육회

	경기도체육회
4대 스포츠 관련	한국야구위원회
	한국배구연맹
	한국프로축구연맹
	프로농구연맹

스포츠선수들의 식단 관리

> 운동선수들은 시합 전후에 무엇을 먹을까?

운동선수들은 자신의 운동 종목에 맞는 식이요법을 적용하게 된다. 예를 들어 체중을 늘려야만 경기력에 도움을 주는 종목이 있을 수 있으며 반대로 체중을 어쩔 수 없이 줄여야 하는 체급별 경기종목도 있을 수 있다. 이 두 가지 경우에서 모두 중요하게 고려해야 할 것은 근력의 감소나 피로의 회복 등 식이요법이 경기력에 직접적인 영향을 줄 수 있는 요인이다. 따라서 운동선수들의 식이요법은 철저한 계획을 통해 시행돼야 하며 이는 경기력을 좌우하는 열쇠가 된다. 본 장에서는 운동선수들의 식이요법을 트레이닝기, 경기 전의 조정기와 경기 직전과 직후의 관리를 포함한 계획에 대해 살펴보기로 한다.

• 트레이닝 시기

이 시기 선수들은 자신의 최대 근력을 사용하는 매우 고된 기간이 될 것이다. 따라서 고른 영양소의 보충은 물론 체력적 안배를 고려한 충분한 영양보충이 필요한 시기라 할 수 있다. 다만 편중된 식단 구성을 통해 체지방의 증가를 유발하는 것을 예방하기 위한 대책을 마련해두어야 한다. 이를 위해 평소 아침, 점심, 저녁의 하루 3식보다는 식사 횟수를 1~2회 늘이면  서 한 끼의 식사량을 조금 줄이는 방법이 효과적일 수 있다.

이 시기 대부분의 선수는 하루 2~3회에 걸친 훈련시간을 적용받기 때문에 이 방법은 체지방의 증가를 유도하지 않으면서 충분한 영양관리를 효과적으로 수행할 수 있는 좋은 수단이 된다. 또한 선수들의 신체 리듬이 경기 당일에 맞추어져 모든 훈련일정을 적용받기 때문에 경기 당일의 경기시간대를 고려한 규칙적인 식사시간의 엄수는 필수적이라 할 수 있다. 예를 들어 경기가 오후 늦은 시간에 진행된다면 아침 식단 비중보다는 점심 식단의 비중을 늘려야 하며, 이 기간 동안 동일하고 규칙적으로 적용하는 것이 경기 당일 컨디션 유지를 위해 바람직한 방법이다.

• 경기 전의 조정기

경기 전의 조정기는 트레이닝 기간의 마지막 단계에 해당하게 된다. 따라서 선수들은 최상의 컨디션을 통해 경기 시 최대의 경기력 향상에 온 힘을 쏟아야 할 때이다. 그러나 평상시 트레이닝 기간보다 운동량이 다소 감소하고 소비에너지가 적어지는 경향을 나타내므로 이 시기의 영양관리는 어느 때 보다 중요하게 적용돼야 한다. 일반적으로 지구력 종목이나 근력위주의 종목에서는 앞선 트레이닝기에서의 피로를 완전히 회복하기 위해 연습량을 급격히 줄이는 경향을 나타낸다. 이때는 선수의 컨디션 조절과 경기시 근력 유지를 위한 근 근리코겐의 저

장량을 늘리려는 노력이 필요한데 이를 위해 많은 선수와 코치들은 글리코겐 로딩(glycogen loading)을 위한 식단을 준비하는 경우가 많다. 그러나 무조건 모든 선수에게 글리코겐 로딩을 적용할 경우 선수 개인에 따라 급격한 체력저하나 설사 등 현저한 컨디션 저하를 유발할 수 있으므로 주의해야 한다. 실제로 선수에 따라선 철저한 글리코겐 로딩의 적용보다는 평소 식단에서 주 식량을 약간 줄이고 상대적으로 간식량을 조금 늘리거나 음식 조리 시

기름의 사용을 제한하는 등의 간단한 조정만으로도 좋은 경기성적을 거두는 경우가 있음을 유의해야 한다.

• 시합 당일

이때는 크게 경기 전과 경기 직전 그리고 경기 중과 경기 후로 나누는 다소 구체적인 식단 구성이 필요할 때이다. 경기종목에 따라 약간의 차이는 있을 수 있으나 대부분 경기 전의 식사는 경기 중의 에너지원 공급과 경기 컨디션을 조절하는 데 매우 중요한 역할을 하게 된다. 따라서 경기 전에는 소화에 무리가 가지 않는 식단을 구성하는 것이 가장 중요하며 무엇보다 경기 중 근 글리코겐의 보충에 신경을 써야 한다. 물론 경기 전의 식사는 음식물의 위 배출 시간을 고려하여 경기 시작 최소 2시간 전에 마치는 것이 바람직하다 할 수 있다.

시합 직전의 식단 적용은 음식물을 통한 영양공급보다는 경기 중 수분 고갈을 고려한 수분 보급이 중요한 관건이 될 수 있다. 따라서 경기 15~30분 전까지는 200㎖ 정도의 수분을 나누어 섭취하는 것이 경기 중 수분 고갈을 예방하는 좋은 방법이 될 수 있다. 장시간의 경기 중 선수들은 수분의 고갈은 물론 근 글리코겐의 현저한 저하로 인한 피로를 호소하는 경우를 많이 보게 된다. 물론 경기 중간중간 약간의 수분섭취와 글리코겐 보충이 가능할 수 있  는데 이 경우 소량의 수분 섭취를 통해 부족한 체내 수분을 지속해서 공급해주는 것이 바람직하며 경우에 따라 수분공급과 동시에 약간의 당질을 희석하여 근 글리코겐을 보충하는 것도 가능하다. 다만 이때 과량의 당질을 한꺼번에 섭취할 경우 인슐린 작용에 의한 저혈당 증상을 보일 수 있으며 급격한 피로를 일으킬 수 있으므로 반드시 낮은 농도의 당질을 수분과 함께 희석하여 제공해야 한다.

 대부분의 선수는 경기를 마친 후 경기 도중의 수분 고갈과 글리코겐 고갈로 인해 피로를 호소하게 되는데 이때는 신속한 수분 공급과 충분한 당분을 섭취하는 것이 바람직하다. 대체로 체중 1kg당 1g의 탄수화물을 섭취하는 것을 권장하고 있기 때문에 경기 후 과량의 음식물 섭취보다는 일상적인 식단만으로도 충분히 부족분을 채울 수 있다. 다만 다음날 경기가 예정되어 있으면 이보다 3~4배 많은 당질 식단의 준비가 필요하게 된다. 또한, 하루에 경기를 계속 진행할 경우에는 무리한 음식물의 제공보다는 간단하게 씹을 수 있을 정도의 탄수화물 식단 위주의 가벼운 식사제공으로 몸의 손상을 막는 것이 무엇보다 중요하다.

권태동 경북대학교 교수

학력/전공	경북대학교 대학원 이학박사(스포츠영양학)
주요경력	한국운동영양학회장, 경북체육회이사, 경북대학교말산업연구원장
현재소속	경북대학교 레저스포츠학과

재미로 알아보는 스포츠선수들의 연봉

> 세계에서 가장 높은 수입을 올린 운동선수는 누굴까?

미국 경제 전문지 포브스가 발표한 운동선수 수입 순위에 따르면 레알 마드리드의 크리스티아누 호날두가 1위를 차지했다. 호날두는 지난 12개월 동안 9,300만 달러, 약 1,045억 원을 벌어 1위에 올랐다. 포브스는 호날두가 레알 마드리드로부터 받는 연봉과 수당을 5,800만 달러, 경기장 밖에서 스폰서십 등을 얻는 수입을 3,500만 달러로 추산했다.

호날두에 이어 2위를 기록한 선수는 미국 프로 농구 클리블랜드의 르브론 제임스다. 제임스의 수입은 8,620만 달러다.

8,000만 달러를 기록한 리오넬 메시는 3위, 4위는 '테니스 황제' 로저 페더러, 5위는 NBA 골든 스테이트의 케빈 듀랜트이다.

1위	2위	3위	4위	5위
9,300만 달러	8,620만 달러	8,000만 달러	6,400만 달러	6,060만 달러
크리스티아누 호날두	르브론 제임스	리오넬 메시	로저 페더러	케빈 듀란트

꿈에 더 가까이! 스포츠선수들의 한 마디

"우리는 모두 꿈이 있다. 그러나 꿈이 현실이 되려면 강한 결심, 헌신, 훈련 그리고 노력이 필요하다."

　　　　- 제시 오웬스 (미국 육상선수, 1936년 베를린 올림픽 4관왕)

"모든 단점은 장점이 될 수 있다."

- 리오넬 메시 (아르헨티나, FC바르셀로나 축구선수)

"훈련 한 번으로는 아무것도 일어나지 않는다. 자신을 채찍질하며 수천 번 훈련했을 때, 신체의 여러 부분에서 변화와 발전이 일어날 것이다. 비가 온다고? 그건 문제가 안 된다. 피곤하다고? 그 또한 문제가 안 된다. 의지력만 있다면 아무 문제도 없다."

　　　　- 에밀 자토 (체코 육상선수, 1952년 헬싱키 올림픽 3관왕)

"고된 훈련 때문에 경기가 쉬웠다.
그게 나의 비결이다. 그래서 나는 승리했다."

- 나디아 코마네치 (루마니아 체조선수, 1976년 몬트리올 올림픽 체조 3관왕)
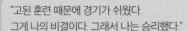

"인간은 경쟁 상대가 있을 때 상승 에너지가 솟구친다.
만약 경쟁 상대가 없다면 기록은 퇴화할지도 모른다."

- 칼 루이스 (미국 육상선수, 1984년 로스앤젤레스 올림픽 4관왕)

"나는 남과 경쟁해 이기는 것보다 나 자신의 고통을 어떻게 이겨낼지 생각한다. 마라톤은 무척 고된 운동이기에 숨은 턱에 차고, 심장은 터질 듯 뛴다. 때로는 몸이 무거워서 고통스러울 때도 있다. 그럴 때마다 컨디션을 가다듬어 평소처럼 뛰어야 한다. 나 자신의 고통과 괴로움에 지지 않고 마지막까지 달렸을 때 그것이 승리로 연결되었다."

　　　　- 아베베 비킬라 (에티오피아 육상선수, 1960년과 1964년 올림픽 마라톤 2연패)

"열정도 능력이다. 열정이 없다면 성취도 없다. 도전을 사랑할 때 경기를 갈망하게 되고 경기를 갈망하면 연습이 즐거워진다."
"나는 인생에서 실패를 거듭해 왔다. 이것이 정확히 내가 성공한 이유다."
– 마이클 조던 (미국 NBA 농구선수)

"힘든가? 하지만 오늘 걸으면 내일은 뛰어야 한다."
– 카를레스 푸욜(에스파냐 축구선수)

"축구는 실수(miss)의 스포츠다. 모든 선수가 완벽한 플레이를 펼치면 스코어는 영원히 0:0이다."
– 미셸 플라티니(프랑스 축구선수)

"늘 그랬다. 그 순간 죽을 것 같아도 결국 견뎌내지 못한 고통은 없었다."
"타고난 재능이란 인간이 만들어낸 허구에 불과하다. 나는 슬럼프에 빠지면 더 많은 연습을 통해 정상을 되찾는다. 인정받으려면 부단한 연습 이외에 다른 방법이 없다."
– 타이거 우즈 (미국 골프선수)

"99도까지 온도를 올려놓아도 마지막 1도를 넘기지 못하면 영원히 물은 끓지 않는다. 물을 끓이는 건 마지막 1도, 포기하고 싶은 바로 그 1분을 참아내는 것이다."
– 김연아 (대한민국 피겨스케이팅 선수)

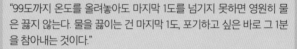

"내가 선을 긋는 순간 나의 한계가 결정된다."
– 심권호 (대한민국 레슬링 선수)

"네가 지금 어디에 있는지 생각하는 대신, 어디에 있고 싶은지 생각하라."
– 빈스 롬바르디 (미국 미식축구 감독)

"반복은 천재를 낳고 믿음은 기적을 낳는다."
– 박세리 (대한민국 골프선수)

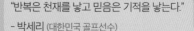

스포츠 관련 직업을 다룬

영화 & 만화

[Movie]

국가대표

감독: 김용화
출연: 하정우, 성동일, 김지석, 김동욱, 최재환, 이재환

"우리는 대한민국 국가대표다"

동계스포츠인 스키점프를 소재로 한 영화이다. 실화를 바탕으로, 비인기종목 선수들의 투지와 열정을 그렸다. 인기 있는 종목과 국제대회에서 성적이 우수할 거라 예상되는 일부 종목에 집중 투자 하는 것이 우리나라 스포츠의 현실이다. 이런 차별 때문에 비인기종목인 스키점프 선수들은 설움을 겪지만, 다시 일어서서 도전해 결국 목표를 이루고야 만다.

눈여겨 볼 SPORTS JOB!
- 스키점프 선수, 코칭 스태프, 스포츠 중계 아나운서

독수리 에디

감독: 덱스터 플레처
출연: 태런 에저튼, 휴 잭맨

"포기를 모르는 도전을 향한 열정의 아이콘"

스키선수였던 에디는 국가대표 선발전에 탈락하지만, 동계올림픽 출전이라는 꿈을 이루기 위해 '스키점프'로 종목을 변경한다. 사람들은 그의 열정을 비웃지만, 에디는 진지하게 스키점프 선수로 도약하는 모습을 보여준다. 원대한 꿈에 대한 열정을 느낄 수 있는 영화이다.

눈여겨 볼 SPORTS JOB!
- 스키선수, 스키점프선수, 스키점프 코칭 스태프

우리 생애 최고의 순간

감독: 임순례
출연: 문소리, 김정은, 엄태웅, 김지영, 조은지 외

"그녀들은 포기하지 않는다"

2004년 아테네 올림픽에서 보여준 여자핸드볼 선수단의 감동적인 실화를 바탕으로 한 영화, <우생순>! 국가대표 여자핸드볼팀의 전력을 보강하기 위해 옛 노장 선수들이 다시 태릉선수촌으로 돌아와 대회를 준비한다. 핸드볼을 향한 선수들의 근성과 투지를 잘 보여주는 이야기이다.

눈여겨 볼 SPORTS JOB!
- 핸드볼선수, 감독, 코치, 스포츠 중계 아나운서

천하장사 마돈나

감독: 이해영, 이해준
출연: 류덕환, 김윤석, 문세윤, 이언 외

"씨름은 남자만 하는 줄 알았다"

육중한 몸매와 달리 자신이 여자라고 생각하고 있는 오동구는 여자가 되기 위해 씨름대회를 준비한다. 우리나라 전통 놀이인 씨름을 주제로 한 이 영화는, 씨름선수가 되기 위한 한 소년의 고군분투기를 그린다. 특히 꿈도 없고 적성도 찾지 못한 채 고등학생이 된 학생들의 리얼한 고민이 담겨있어, 재미뿐만 아니라 생각할 거리를 던져준다. .

눈여겨 볼 SPORTS JOB!
- 씨름선수, 감독, 학교 선생님

머니볼

"게임의 역사를 바꾼 한 남자의 감동 실화"

남들이 주목하지 않는 것에 가치를 두어 야구의 새로운 지평을 연 구단주의 이야기. 컴퓨터 통계와 데이터 분석 체계를 이용해 선수단을 구성하고, 쓰러져가던 가난한 팀을 4년 연속 포스트시즌에 진출시키는 기적을 일으킨 한 남자의 성공 신화이다. 야구 선수, 전력관, 구단주 등 많은 스포츠 관련 직업을 들여다볼 수 있다.

눈여겨 볼 SPORTS JOB!
- 구단주, 전력분석관, 감독, 코치, 야구선수

감독: 베넷 밀러
출연: 브래드 피트 외

슈퍼스타 감사용

"오랫동안 꿈을 그리는 사람은 그 꿈을 닮아간다"

왼손잡이에 작은 키, 투수라고 하기엔 어려운 신체 조건을 가졌지만, 야구를 향한 꿈과 열정만큼은 누구에게도 뒤지지 않는 감사용. 패전 처리 전문 투수에서 모든 사람이 울고 웃으며 응원하는 투수가 된 그의 모습을 통해 땀과 눈물, 열정과 용기의 가치를 일깨워주는 영화이다.

눈여겨 볼 SPORTS JOB!
- 야구선수(투수, 포수, 타자 등), 야구 감독, 코치 등

감독: 김종현
출연: 이범수, 윤진서, 류승수 외

제리 맥과이어

감독: 카메론 크로우
출연: 톰 크루즈, 쿠바 구딩 주니어, 르네 젤위거 외

"당신의 삶은 지금 무엇으로 채워지고 있나요?"

이 영화는 삶에서 가장 중요한 질문, 바로 '행복이란 무엇인지'를 묻는다. 회사의 이익에 반하는 내용의 제안서를 작성했다는 이유로 하루 아침에 해고 통보를 받고서, 쉽지 않은 상황에 새로운 에이전시를 꾸려나가며 다시 한번 도약을 꿈꾸는 제리의 이야기이다. 스포츠에이전시 매니저라는 직업을 가진 주인공이 겪는 다다난한 상황을 통해 우리들에겐 조금은 생소한 스포츠에이전시의 역할을 간접 경험할 수 있다. 영화에는 스포츠에이전시 매니저 외에도 미식축구 선수 등 여러 스포츠 관련 직업이 소개된다.

눈여겨 볼 SPORTS JOB!
- 스포츠에이전시 매니저, 스포츠에이전시, 미식축구 관련 직업

코치 카터

감독: 토마스 카터
출연: 사무엘 L. 잭슨 외

"가장 힘든 승부는 자신을 이기는 것이다!"

반항적이고 제멋대로인 아이들만 모아놓은 듯한 리치먼드 고교 농구팀, 목표도 능력도 없는 농구부 아이들에게 고등학교 졸업과 대학 진학이라는 목표를 만들어 준 코치 카터. 혹독한 훈련과 엄격한 규율 때문에 학생들과 갈등을 빚기도 하지만, 한때 고교농구팀의 스타였지만 은퇴 후 꿈이 사라진 자신의 모습을 보며, 이 학생들에겐 그 힘듦을 물려주고 싶지 않아 신념을 굽히지 않고 훈련하고 교육한다. 스포츠전문가의 교육자로서 역할을 볼 수 있다.

눈여겨 볼 SPORTS JOB!
- 농구선수, 농구 코칭 스태프, 스포츠용품점 관리인

킹콩을 들다

감독: 박건용
출연: 이범수, 조안, 이윤회, 최희서 외

"그들은 도전했고, 마침내 세상을 들었다"

시골 중학교 역도부 코치로 가게 된 한물간 역도 동메달리스트와 시골 소녀들의 이야기를 그린 영화이다. 맨땅에서 시작한 역도선수들과 코치가 함께 힘을 모아 올림픽 꿈나무, 그리고 금메달까지 도전하게 된 인생역전에는 땀과 열정이 녹아있다.

눈여겨 볼 SPORTS JOB!
- 역도선수, 역도팀 코칭 스태프

맨발의 꿈

감독: 김태균
출연: 박희순, 고창석 외

"동티모르 한국인 '히딩크' 감동 실화!"

동티모르에 간 전직 스타 축구선수가 자신의 꿈을 대신해 아이들의 꿈을 이룰 수 있도록 돕는 영화이다. '아이들에게 축구화를 팔자'고 시작한 짝퉁 축구화 사업은, 말도 안 되는 축구팀 결성으로 흘러간다. 돈만 좇아가다 늘 어려움을 만나는 주인공이, 다시 꿈을 따라가며 삶의 의미를 찾는 내용이다.

눈여겨 볼 SPORTS JOB!
- 축구선수, 스포츠용품 관련 직업, 축구팀 코칭 스태프

신데렐라 맨

감독: 론 하워드
출연: 러셀 크로우, 르네 젤위거 외

"복싱 역사에서 제임스 J. 브래독의 삶은 감동적인 인간 승리의 결정체이다." - 데이몬 러니온(Damon Runyon)

부상과 잇단 패배로 복싱을 포기해야 했던 전도유망한 복서의 인생 이야기. 일상으로 돌아와 지루한 날을 보내던 라이트 헤비급 복서 브래독이 꿈을 포기하지 않고 다시 링 위로 올라가 전설적인 복서가 된 내용을 다룬 영화이다.

눈여겨 볼 SPORTS JOB!
- 복싱선수, 복싱 코칭 스태프, 복싱 아나운서, 복싱 심판

블라인드 사이드

감독: 존 리 행콕
출연: 산드라 블록, 숀 투오이 외

"전 미국을 감동하게 한 행복한 만남"

미식축구선수라는 꿈은 있지만, 따뜻한 가족이 없던 마이클 오어에게 아무 조건 없이 다가와 따뜻한 가족이 되어준 한 여인의 실화를 바탕으로 한 감동 영화. 오늘 하루의 먹을거리, 잠잘 곳을 걱정해야 했던 아이를 사랑과 신뢰로 품어 인생을 변화하게 만든 휴먼 스토리이다.

눈여겨 볼 SPORTS JOB!
- 미식축구선수, 미식축구 코칭 스태프

노브레싱

감독: 조용선
출연: 서인국, 이종석, 유리 외

"꿈을 향한 황홀한 레이스가 펼쳐진다"

어릴 적부터 함께 수영선수를 꿈꾸며 서로의 라이벌이었던 두 수영 유망주, 하지만 그중 한 명은 그 꿈을 이루기도 전에 포기하고 팀을 이탈한다. 시간이 흘러 고등학생이 된 두 선수가 같은 출발선에 서게 된다. 수영에 대한 열정과 투지를 그린 이야기.

눈여겨 볼 SPORTS JOB!
- 수영선수, 수영팀 코칭 스태프

드래프트 데이

감독: 이반 라이트만
출연: 케빈 코스트너, 제니퍼 가너, 톰 웰링 외

"경기장 밖의 치열한 승부"

경기도 중요하지만, 경기를 위한 팀을 꾸리는 것 또한 매우 중요하다. 스포츠팀을 꾸리기까지는 많은 사람의 철저한 준비가 필요하다. 미국 최대 스포츠 미식축구의 큰 연례행사인 드래프트데이를 통해 미식축구선수뿐만 아니라, 그 뒤에서 팀을 위해 고군분투하는 이들을 담은 영화이다.

눈여겨 볼 SPORTS JOB!
- 미식축구선수, 미식축구팀 코칭 스태프, 단장, 전력분석관, 팀 스카우트

슬램덩크

감독: 이노우에 다케히코

"왼손은 거들 뿐"

'왼손은 거들 뿐'이라는 유명한 대사를 남긴 <슬램덩크>는 스포츠 만화계의 수작이다. 농구 이야기를 멋스럽고 생동감 있게 표현했다. 천부적인 재능을 가진 강백호라는 선수를 중심으로 농구라는 스포츠를 흥미진진하게 다루며, 특히 팀워크에 대해 깊이 생각해보게 한다.

눈여겨 볼 SPORTS JOB!
- 농구선수, 농구 코칭 스태프, 팀매니저

챔프

감독: 이환경
출연: 차태현, 유오성, 박하선 외

"불가능을 향한 질주"

시신경을 잃어가는 기수와, 다리를 다쳐 더는 경주마로 뛸 수 없는 말의 이야기. 모두가 불가능하다고 생각하는 일에 도전하고, 끝내 기적을 이루어내는 감동 실화이다.

눈여겨 볼 SPORTS JOB!
- 승마선수, 기수, 말 조련사

페이스 메이커

감독: 김달중
출연: 김명민, 안성기, 고아라

"나의 결승점은 언제나 30km까지다"

마라톤이나 수영 등 기록으로 순위를 겨루는 스포츠의 경우, 경기의 승패는 '페이스 조절이 관건이다'라고 한다. 마라톤 페이스 메이커는 우승 후보를 위해 42.195km가 아닌 30km만 함께 달리는 선수이다. 남의 1등만을 위해 달려야 하는, 메달을 목에 걸 수 없는 국가대표. 이 영화는 페이스 메이커인 선수가 처음으로 자신을 위한 마라톤에 참가하는 이야기를 그린다.

눈여겨 볼 SPORTS JOB!
- 마라톤선수, 페이스메이커, 마라톤 코칭 스태프

생생 인터뷰 후기

> 이운재 골키퍼 코치

  스페인과의 승부차기를 막아내며 온 국민을 열광하게 했던, 2002년 한일월드컵 4강 신화의 주역을 만나는 일은 참 설레었다. TV를 통해 본 이운재 선수의 모습은 늘 최후의 관문을 지키며 굳게 다문 입과 인상 때문인지 왠지 모르게 가까이하긴 어렵기도 했다. 하지만 걱정도 잠시… 이운재 코치의 털털하고 유쾌한 성격, 재미있는 입담, 그리고 무엇보다 교육적 철학과 경험을 바탕으로 들려주는 생생한 이야기는 몇 시간 동안이나 그에게 푹 빠져들도록 만들었다. 그의 인터뷰는 운동선수라기보다 오히려 교육자라는 느낌이 들 정도로 철학과 본질을 바탕에 둔 메시지였다. 인터뷰를 마치고 나의 손을 꽉 잡아주며 응원과 격려를 해주었는데, 따뜻한 인간미까지 느낄 수 있었다.

> 이숙자 배구 해설위원

이숙자 위원의 첫인상은 피아니스트나 무용이 더 먼저 떠오를 정도로 지성과 품위, 미모를 겸비한 분이었다. '이런 분이 무척이나 격렬한 스포츠, 배구 국가대표였다니!'라는 생각이 들 정도였다. 그러나 인터뷰가 시작되자 내 생각이 틀렸음을 금방 깨달았다. 벤치를 지켜야 하는 오랜 시간에도 낙담하지 않고 약점을 보완하며 강점을 예리하게 다듬어 갔던 정신력, 사람을 품고 배려하는 이숙자 해설위원의 인성이 우리에게 진정 '성공한 사람들의 공통점'이 무엇인지 알려주고 있었다. 해설가로서 두각을 나타내는 지금의 행보도, 바로 그동안 쌓인 역량 덕분이 아닐까 한다.

> 지성환 고등학교 체육교사

인터뷰를 위해 지성환 교사의 집에 직접 방문했다. 현직 고등학교 교사로 재직 중인 그를 평소 체육교사 모임이나 연수에서는 자주 보았지만, 이 책의 인터뷰를 위해 '올림픽 메달리스트 선수'로서 만난다고 하니 새삼스레 그가 더욱 궁금했다. 마침 그는 두 아들과 야구를 하러 나갈 준비를 하고 있었는데, 여느 가장처럼 가족을 사랑하는 평범한 아빠였다. 올림픽 메달리스트라는 화려한 이력에도 불구하고 인터뷰하는 동안 자신을 낮추려는 모습에 멋있는 외유내강형 교육자의 모습을 볼 수 있었다. 인터뷰에 응해주신 지성환 선생님과 인터뷰를 도와준 이영은, 전다혜 두 학생에게 감사의 마음을 전한다.

> 신재영 야구선수

2017년 프로야구 시즌이 끝난 후, 신재영 선수가 인터뷰를 위해 학교로 직접 찾아와 주었다. 인터뷰를 부탁하는 나로서는 미안한 마음이 들었지만, 신재영 선수는 많은 선생님과 학생들의 사인, 사진 촬영 요청을 웃으면서 받아주었다. 그의 밝은 눈웃음 하나만 보더라도 사람을 아끼고 배려할 줄 아는 사람이란 생각이 들었다. 뚜렷한 목표를 향해 달려가면서도 주변의 사람들까지 살필 줄 아는 신재영 선수의 멋진 활약을 기대한다. 인터뷰에 참여해주신 신재영 선수와, 인터뷰를 도와주신 추세웅 코치 그리고 최새나 학생에게도 감사한 마음을 전한다.

> 안희욱 스킬트레이너

안희욱 대표와는 4년 전에도 만나서 인터뷰를 한 적이 있었다. 생생히 살아있는 꿈을 이루기 위해 온몸으로 부딪치고, 그 꿈의 조각을 하나씩 만들어가는 모습이 대단히 인상적이었다. 그를 통해서 대한민국에 '스킬트레이너'라는 직업이 만들어졌다. 이미 존재하는 것을 설명하긴 쉽지만, 존재하지 않는 것을 전하기는 대단히 어렵다. 그러나 늘 새로운 길을 하나씩 만들어나가는 안희욱 대표를 보며, 이젠 그가 어떤 비전을 이야기하든지 꼭 이루어질 거란 확신이 든다. 그를 보면 이런 명언이 떠오른다. '질량이 커다란 물체의 주변이 구부러져 있듯, 열정이 가득 찬 사람은 환경을 변화시킨다!'